U0105542

一帶一路研究叢刊

中國和以色列

友·好·故·事·集

高秋福
何北劍　姚振憲等　編著

序——言

出使以色列三年，我有很多經歷和感受，最想與人分享的一點是，中國人和猶太人在很多地方是相近、相通、相親的。作為世界上兩個偉大的民族，中華民族和猶太民族都有著悠久的歷史和璀璨的文化，都對世界文明發展作出過巨大貢獻。中華民族與猶太民族的友好交往已經有逾千年的歷史，在跨越千年的友好交往中，兩個民族一直相互尊重，相互欣賞，相互支持。這份友誼因歷史的積澱而彌足珍貴，這份感情因現實的考驗而歷久彌堅。

我們是遭受過深重災難的兩個民族，我們都曾在挫折之後毅然奮起，都曾在磨難面前百折不撓，也都通過堅韌自強、艱苦奮鬥邁向民族的復興和發展，譜寫出一首首可歌可泣的動人詩篇。只有創造過燦爛文明的民族，才會如此渴望再創輝煌；也只有歷盡苦難滄桑的人民，才會更加珍惜來之不易的幸福。數千年輝煌文明、數百年深重苦難，百餘年不息奮鬥，我們兩個民族追尋夢想的道路顯得尤其艱難曲折，歷史和文明的積澱，奠定了中以關係的社會和民意基礎。

功崇惟志，業廣惟勤。當歷史的苦難已成為鞭策我們前行的動力，當兩個民族完全掌握自己的命運的時候，中以兩國開啟了新的歷史征程。中國和以色列一九九二年建立了外交關係，中以友好實現了歷史性飛躍。建交二十二年來，在雙方共同努力下，古老的智慧迸發出創新靈感，真誠的友誼結出務實合作之花，中以關係取得長足發展。兩國各層次往來日益頻繁，各領域務實合作成果豐碩。中國已成為以色列第三大貿易夥伴，二〇一三年雙邊貿易額已逾一百零八億美元，比建交時增長了二百多倍。兩國在科技、文化、教育、新能源、生物技術、現代農業、環保、信息技術等領域的合作日益擴大和深

化。中以務實合作全方位多層次展開，給兩國人民帶來實實在在的好處。

回首過去的二十二年，雙方始終牢牢把握中以關係發展的正確方向，兩國關係處於健康穩定發展軌道。兩國雖國情和發展階段不同，社會制度和意識形態不同，對一些問題的看法也不盡相同，但雙方發展兩國關係的決心是相同的，深化務實合作的努力是相同的，增進人民友誼和相互了解的目標是相同的。今天的世界是經濟全球化、社會信息化日益發展的世界，今天的時代是和平發展、互利共贏的時代。我堅信，中以關係發展前景廣闊，潛力巨大，兩國關係的明天一定會更好，中以友好交往會更加碩果纍纍。

中以友好交往的故事說不完，寫不盡。本書選取的十二個故事栩栩如生地展現了其中部分畫卷，既有戰爭歲月的生死支持，也有和平年代的傾情奉獻；既有兩國政府對發展兩國關係的大力傾注，也有開展各領域務實合作的豐碩成果。這一幅幅「民相親」的生動場面，構成了中以「國之交」的鴻篇巨製。

本書的問世不僅是回顧，更是傳承。它告訴和激勵我們，兩國政府和人民應該站在新的歷史起點上，秉持信念，堅定信心，勇擔重任，開拓進取，繼續推進中以關係，共同譜寫兩國友好合作新篇章。

是為序。

中華人民共和國駐以色列國大使

二〇一四年三月二十日

前——言

中華民族和猶太民族代表了世界上兩大古老文明，他們的接觸始於古代猶太人流散進入中國之時。自那時起，中國成了一度失去祖國的猶太人可以安居樂業的國家。納粹大屠殺期間，上海更成了全球唯一接納猶太難民的大城市。在中華大地上，中國人和猶太人在上千年的交往中友好相處，在反法西斯鬥爭中更是互伸援手，譜寫了中猶友誼的歷史篇章。一九九二年一月二十四日，中以兩國建立外交關係，揭開了兩國和兩個民族關係史上嶄新的一頁。建交二十二年來，中以經濟、科技合作碩果纍纍，人文交流也發展迅速，呈現一派生氣勃勃的景象。感謝五洲傳播出版社精心組織編寫了這十二個小故事，在我們面前栩栩如生地展示了中以兩國，中猶兩個民族之間的深厚友誼。

「記憶」篇描述了中以友誼的淵源——歷史上中猶人民的友好交往，寫的人物和事情都是我十分熟悉的。埃胡德・奧爾默特是第一位源於中國的以色列總理。我難忘他對我說的話：「我的祖父母永遠留在了中國，我父母的心總是向著中國，我最大的願望就是訪問中國。」二〇〇四年六月，他終於實現了願望。記得那是六月二十四日下午，我陪他訪問了上海猶太遺址，隨後他飛到哈爾濱，將從以色列帶來的石塊放在祖父墓上。為了尋找、驗證何鳳山的材料，我們與「生命簽證」等組織曾進行了艱苦細緻的工作。一九九九年十月，我們與何鳳山的女兒何曼禮一起在溫哥華首次向公眾宣佈了何鳳山的事蹟。今日，這位第一個獲得「國際義人」稱號的中國人已經成為與辛德勒、瓦倫堡等齊名的救助猶太難民的英雄。許多猶太人同樣積極支持、參與中國人民的革命和建設事業，羅生特就是其中的一位。書裡提到了一九九六年四月我們舉辦的羅生特事蹟

展覽會，我始終記著展覽會上羅生特的警衛員李光說的話：「羅大夫就是奧地利的白求恩。」本書不可能記述所有這些猶太友人，但我想在這裡提一下其中幾位：漢斯·希伯（Hans Shippe），愛潑斯坦（Israel Epstein），魏璐絲（Ruth Weiss），傅萊（Richard Frey），沙博理（Sidney Shapiro），漢斯·米勒（Hans Miller）。中國人民永遠不會忘記他們的貢獻。

「握手」篇記述了為中以建交而努力的「破冰者」們。作者高秋福是我的老朋友，也是我十分尊敬的長者。他至今筆耕不輟，前不久還簽名贈我新著《亞洲情脈漫追述》。西蒙·佩雷斯、摩西·阿倫斯、麥宇仁、蘇賦特都是我十分熟悉的朋友。記得佩雷斯總統曾對我說，他對中國的深情是受到了其恩師——以色列開國元勛本·古里安的影響。佩雷斯的話在我參觀本·古里安生前臥室時得到了印證：在他的床頭放著關於長征和毛澤東的書。本篇提到了幾位以色列外交官，我想我也應該提一下三位為「破冰」作出了重要貢獻的中國外交官：當時負責與以色列建交事務的外交部副部長楊福昌、直接安排中以建交具體事宜的吳思科（現任中國中東問題特使）和劉振堂（後任中國駐伊朗、黎巴嫩大使）。還應指出，中以雙方智庫和學者的作用也很重要。記得在中以建交前三個月，我們幾位中國學者第一次來到以色列，拜訪了諸多高官和智囊機構，進行了坦率的交流，回國後寫出了調研報告，為中央與以建交的決策作出了貢獻。以方學者和國際猶太組織，特別是以追討納粹大屠殺罪行聞名的西蒙·維森塔爾中心，在「破冰」方面也發揮了重要作用。西蒙中心最近還接連發表聲明，譴責安倍參

拜靖國神社和否定歷史罪責，受到中國人民的讚揚。

「合作」篇詳細敘述了中以兩國經濟合作的豐碩成果，其中最為成功的是農業、通訊、醫療、航運、鑽石和風險投資等領域。二十多年前，以色列企業來華投資形成熱潮，而到了今天，越來越多的中國企業進入了以色列市場。一九九二年十二月，赫爾佐格成為第一位訪問中國的以色列總統。我陪同他參觀時，與隨他來訪的著名企業家薩爾‧艾森伯格有一段有趣的對話，後來刊登在美國各大報上。艾問：「中國有百分之幾的人富了起來？」我沒有把握地答：「大概百分之五吧。」他說：「那不會有鑽石的市場。」我問：「你知道有多少中國人嗎？十二億。」他吃驚地說：「哦，那是六千萬，一個龐大的市場！」後來，他以極大的熱情推動建立上海鑽石交易所，終於在去世前三天與上海簽署了協議。那天他對記者說：「把建這樣的中心選擇在上海，是因為這裡與以色列有著十分友好的關係，二戰期間幫助了許許多多的猶太人。而我，就是其中之一。」現在，上海鑽石交易所的生意非常紅火。二〇一三年五月，再訪上海的內塔尼亞胡總理在晚宴上對我們說：「歡迎更多的中國企業家來以色列投資，中國有巨大的工業影響力和全球影響力，以色列則在所有高科技領域都有技術。」在他的推動下，中國復星醫藥公司以二點二億美元收購了以色列公司，中國光明集團將收購以色列最大食品商特努瓦食品公司，中國還可能修建把地中海與紅海連接起來的高速鐵路。需要指出，中以人文合作的發展也十分喜人。

希望我的這些介紹、評論、補充和小故事，能引導讀者走

馬觀花地領略本書的精彩，並在閱讀本書後為進一步促進中以
友誼作出貢獻。

潘光

二〇一四 年三月二十三 日

於上海猶太研究中心

目 —— 錄

記憶篇

握手篇

合作篇

記憶篇

一個猶太家族的中國情緣

戰地醫生羅生特

「不是天使，是上帝!」

他讓昨日重現

一個猶太家族的中國情緣

紅燈籠

那時，他住在一間很小的、沒有什麼裝飾的房間裡。每天早晨一睜開眼睛就會看到頂棚上掛著的、父母從遙遠的中國帶回來的一對大紅燈籠。那個時候，家裡也沒有蠟燭，那兩個紅燈籠一年裡也點亮不了幾回。正因為這樣，靜靜地懸在那裡的它們，裡面就有了越來越多的神祕。有時，幾個弟弟也會因為各種原因，或者睡覺前、或者起床前擠到他的床上，很多時候，孩子們的眼睛和心思都會鑽進那兩個紅燈籠裡尋找各自的寶物。

這個猶太少年名字叫亞伯拉罕・奧爾默特，出生於一九三六年。從懂事時起，他就發現父母在聊天時，經常說一種他一點也聽不懂的語言。後來他知道那是中文，是遙遠東方的一種古老的語言。

父母也總是跟他和弟弟們講起，在非常非常遙遠的東方，有一個國家，那裡有好些城市，有哈爾濱、大連、青島，有北平、天津，有廣州、上海⋯⋯在那裡他們家有不少親戚，有的是他的長輩，也有的是他的同輩。他記得父母親收到來自遠方信函時的那份激動和高興，他也因為有機會給集郵冊增添一些奇異的郵票而興奮不已。那些遠方的

父母和三週大的歐慕然

故事就像是一條條海盜船，他腦海裡各種各樣的幻想，會乘著那些船一次次地航行在濃霧瀰漫的海面上，但是始終到達不了那天邊的終點。

後來，他漸漸長大，也沒有了遠方的來信，但那些和父母親一同在中國長大、又一同移民到以色列的朋友，還是偶爾會來家裡串門，有時就聊起在中國、在哈爾濱的往事。而讓他格外高興的事，就是他們有時會給他帶來些蠟燭，那樣，他就能點亮那兩盞紅燈籠了。

一九八一年，亞伯拉罕的父親出版了回憶錄，其中大量筆墨記述的，是他和妻子在中國的生活經歷。

「父母離開哈爾濱快六十年了，但在家裡還經常用中文交談。中國也一直是我們一家人談論的話題。」亞伯拉罕·奧爾默特的三弟、以色列研究敘利亞問題的專家約希·奧爾默特對他見到的中國客人說。

一九九八年，八十七歲的父親辭世了，臨終前的最後幾句話，是用中文說的。

亞伯拉罕·奧爾默特曾任以色列總理的弟弟埃胡德·奧爾默特說過：「對許多以色列人來說，中國是另外一個世界，遠在天邊。生活在以色列的人，主要來自俄羅斯、波蘭和其他東歐國家以及北非的穆斯林國家。我們家庭則不同，始終將中國掛在心上，儘管我們不在那裡出生，也不曾親眼目睹，但還是對她朝思暮想。」

奧爾默特的父母與四兄弟以及歐慕然的妻子合影，攝於一九五八年。

父親的回憶錄、弟弟的感懷、母親身上從不磨滅的中國痕跡在亞伯拉罕‧奧爾默特的現實生活和精神世界裡，都和他在幼年時期就有、從來沒有消失過的好奇和思索緊緊相連。那是一個必須解開的、巨大的謎團。

　　四十多年後的二〇〇〇年到二〇〇四年，亞伯拉罕‧奧爾默特擔任了以色列駐中國科學和農業公使。他給自己起了個中國名字──歐慕然。

「這是我們的握法」

　　歐慕然小的時候就發現父親喜歡打乒乓球。當然，父親喜歡各種體育運動，但歐慕然發現，隨著

年齡的增大，父親越來越喜歡打乒乓球了。他的另一個發現是父親握拍的方法相當奇怪——他像握鋼筆或鉛筆那樣握拍！這和歐洲人的握法完全不同。他就問父親，為什麼要這樣握拍，舒服嗎？「這是我們的握法，」父親不假思索地說。他不明白父親說的「我們」指的是誰，就追問說：「我們？你說的是誰？」「我們中國人，」父親說。確實，在很長一個時期裡，中國的乒乓球運動員就是以這種握拍方法，在世界乒壇稱霸了許多年。但父親直接把自己認作是中國人，還是出乎他的意料。

歐慕然後來對他的中國朋友說：「那個加拿大籍老外『大山』在中國特別出名吧？一個原因是他的漢語好是吧？也許你不相信，我父親的漢語說得比他還好！他說的是地道的東北腔，我父親告訴過我，很多普通的中國北方人在對漢語的掌握上，都趕不上他，他們都佩服我父親。他不到十歲就到了中國，二十多歲才離開，他是中國東北人；他在中國的學校裡念的書，並且當上了中國學校的教師。他真的有驚人的漢語能力。」

歐慕然知道，其實對於他的父親來說，這種握拍方法與其說是一種克敵制勝的方法，不如說是中國的標誌。儘管他的父親已經離開中國幾十年了，而且再也沒有機會回去過，能夠從媒體上獲得的有關中國的信息，也大多不讓人樂觀。但是，父親對中國的愛從來沒有改變過。父母日常生活和精神世界裡的這種強大的「中國」情結和執著的自豪感，

中國駐以色列前大使陳永龍宴請歐慕然（右一）和他的弟弟——以色列前總理埃胡德‧奧爾默特（左一）。

讓歐慕然既感動又驕傲。父親對中國的這種程度的愛，在本質上，很像猶太人對以色列的愛、對自己猶太民族的愛、對家人的愛。這種無形但卻強大的力量在潛移默化中傳遞給了歐慕然和他的弟弟們。

歐慕然是一位農業專家，有一個時期還是國家農業部門的官員，出差到和以色列沒有外交關係的國家時，如果有人問他來自哪個國家，他會先是說「我的父母生活在中國」然後繞彎子、打馬虎眼地搪塞過去。這種時候，他多半是為了隱瞞他的真實身分。但說來奇怪，這個時候，一種莫名的自豪感也隨之而生，好像他自己真的代表著一個東方大國。

當然，後來到了中國就不一樣了，每逢有人按照中國的習慣，禮貌性地問他是什麼地方的人時，他總是會毫不猶豫地回答說：「我們家是哈爾濱人。」他發現，問話的人聽到這種回答，開始時一愣，接著很快就明白所指，和他一同會心地哈哈大笑。接著的談話會有一種難以言明的親密感，這種感覺非常美妙，他自己與談話的人那一刻好像都忘掉了他是以色列人這一事實。每到這樣的時刻，他的感受除了親切，更多的是自豪。

在中國，即便沒有人問他是從哪裡來的這類問題，在內心裡他還是以「我不是外人」自居，毫不在乎對方知道了他的身世後，是不是真的能認同這一點。

弟弟埃胡德·奧爾默特任以色列總理，他訪華時說的那句話也是他的心聲：「中國從來就不是『另一個國家』，我們和中國在感情上的聯繫，是永遠也不會割斷的。」

孫阿旺和老嚴

父親莫德查·奧爾默特的出生年月對歐慕然和弟弟們來說，一直是個謎。他們只知道他出生在俄羅斯的撒馬拉城，就是後來被人重新命名的古比雪夫市。後來，歐慕然的弟弟埃胡德·奧爾默特當上了耶路撒冷市的市長，俄羅斯古比雪夫市一個代表團到耶路撒冷訪問時，帶來了從檔案中發現的他父親

的出生證明原件，日期是一九一一年一月十一日，比他自己講的要晚很多年。但是他父親不承認這個日期。

他的父親告訴他們，當他還很小的時候就知道了什麼叫被欺凌，他六歲時就目睹過混亂和暴亂。後來，白俄分子開始了對猶太人的仇恨和屠殺，他聽說當時光在白俄羅斯就有數以千計的猶太人遭到殺害，財產被洗劫一空。這讓俄國所有的猶太人都極度恐慌，於是一批批的猶太人逃出國境。一九一七年，父親的父親約希夫‧莫西夫維奇‧奧爾默特一個人隨著滾滾的猶太難民潮到了中國的哈爾濱。

不久，家裡收到了他的消息，他說到了一個好地方，安詳、平和，是一個令人開懷的新的世界，全家人都可以到他那兒團聚了。於是，祖母帶著兒子們來到了中國的哈爾濱。在鐵路局工作了兩年，祖父在齊齊哈爾找到了一份他更喜歡的差事，於是全家搬到了齊齊哈爾。後來，全家又回到了哈爾濱。一九四一年，祖父在哈爾濱離世，並安葬在了這座城市。

歐慕然的父親性情隨和，愛好廣泛，尤其有語言天賦；除了俄語和英語外，他很快就學會了漢語。和中國的青少年一塊兒成長，加深了他對中國人心性和中國文化的了解，他的精神世界裡也漸漸融入了越來越多的中國元素。

從齊齊哈爾的學校畢業後，他考入哈爾濱工學院電氣工程系。系裡還有三名猶太人、幾名俄羅斯

人和十二名中國人。與這些猶太人和俄羅斯人不同，呱呱叫的漢語讓他很快就有了不少中國朋友。不但如此，學院有一個預科班，供中學生在投考哈爾濱工學院以前進修。既能講英語和俄語，又能講漢語的他，被選聘為進修班的老師。這讓他對更多的中國青年有了更深入的了解。

後來，他暗自決定棄工學農，並且到以色列去。學校放假時，他和父親在齊齊哈爾辦起了一間小農場，養了四頭牛、兩匹馬和許多雞。剛好當地的猶太社區有一個選送荷蘭進行農業培訓的機會，他決定經荷蘭去以色列。得知兒子的打算時，父母火冒三丈，要求他必須首先完成學業。這樣一來，路費成了這個年輕人實現願望的天大困難。

開學了，但他的心卻亂成了一團麻。

風把雪片吹得打轉轉，但在教室外活動的同學們卻好像沒有一個人感覺到寒冷，唯獨一個人孤零零地站在教室裡的他覺得冷。突然，有人從背後拍了一下他的肩膀，他知道一定是好朋友孫阿旺。孫阿旺的這一拍，一下子就溫暖了他。得知他的心緒，孫阿旺笑著說：「你小子真有福氣，我叔叔在附近鎮上一家學校當校長，正在物色一位俄語教員。你還怕沒有上路的盤纏？」

那個小鎮離哈爾濱大約有一百二十公里，他到達的時候，站台上有人來接他，並自我介紹說他姓嚴，叫他老嚴好了。那年他二十歲，第一次離家遠走，無論在學校還是在城裡，他都是僅有的一個外

國人。每當他走到街上，大人們會投來好奇的目光，小孩子們就成群地在後面跟著看他。

不久，他就和老嚴成了無所不談的朋友。老嚴是山東人，他說山東是個農業大省，幾乎都是農民，但每家只有一小片地，很難獲得足夠的收成。老嚴跟他講了中國鄉村許許多多的事情和道理。

學年快要結束了，校長希望他能再教一年，他也同意多留一些時間，但到不了一年。

一九三〇年的最後一天，他乘火車離開哈爾濱赴大連，又從大連到上海，接著從上海到了青島。青島是他告別中國的最後一站。在那裡，他還到老嚴家拜望了他的父母，受到了最熱情的款待。

返回以色列的路途他走了兩年多。

回到以色列，他在巴勒斯坦西北邊遠的地方安置下來，並開始務農。一九四八年，以色列建國，他當選為第一屆國會議員。

在以色列建國初期，他培訓最先到達的人進行農業生產。老嚴曾經和他談到過的如何幹農活、一個農民如何才能取得成功的經驗給了他莫大的幫助。他在後來出版的自傳中說：「我想告訴老嚴，我採納了他的觀點，他談到的山東農民的事例給了我不小啟發。」

這位國會議員的妻子是位美人。她出生在俄羅斯，名字叫貝拉，在一些國家的語言裡，「貝拉」的意思是「美麗」。 還是孩子的時候貝拉就來到了哈爾濱，她以優異成績畢業於商業貿易職業學校，

畢業證書上記載她各科成績都是最優。

他是在中國的哈爾濱認識她的，也是在那裡他們決定一生都把自己交給對方。也正因為如此，他對哈爾濱和中國有著別樣的情感。

他得到貝拉是一生的幸福，也是莫大的幸運。

那是平常的一天，只是天空出奇地藍。走在街上的她和往常一樣，被不時投來的目光擾得心煩。忽然，她發現迎面走來一位吉普賽女郎，一個念頭在她的腦海裡一閃。「您給我看看手相，看看我的婚姻線，」說著，她把一雙被朋友們羨慕的玉手伸到吉普賽女人的面前。「你很快就會在哈爾濱結婚，但是，新郎不是你的心上人。不過……你最終還是會嫁給你真正的愛人，他才是你的終身伴侶。」吉普賽女人掰著她的手說。聽了這話她哈哈大笑。心想，她准不知道我是個猶太人。婚姻至高無上，我怎麼會先嫁給一個不愛的人再改嫁呢？

但是，預言真的靈驗了！

她的兒子歐慕然擔任以色列農業發展公司總經理的時候，在世界各地推廣農業技術合作項目，南非就是一處。有一次，以色列駐南非大使設宴招待他和他的代表團，參加宴會的有當地政府和社會各方面的賓客。宴會中，相貌英俊、舉止優雅的主人忽然站起來看了他一眼，旋即轉身對在座的人說：「大家看見這位奧爾默特先生嗎？我是他母親的丈夫，但我不是他的父親。」這話讓所有的目光都集中到了他的身上，讓他尷尬不已。大使接著說：

歐慕然和中國學子在一起

「我在哈爾濱長大，在座的奧爾默特先生的父親，還有他的女友，也就是他父親日後的妻子和在座的奧爾默特先生的母親，都是我的親近朋友。他父親在和他母親結婚前回到了以色列，按當時的法律，他沒結婚的女友拿不到簽證，無法回去。拿到簽證的唯一辦法是結婚。我建議由我同她結婚。我們作為夫妻回到以色列，然後就離婚分手。我兌現了我的諾言，我的兩位朋友終於喜結良緣。結果大家就看到啦：有了我這位客人奧爾默特先生。」聽到這些，他由衷感激父母親的這位「丈夫」朋友。「如果他不答應離婚呢？這並非不可能，母親是多麼美麗的女人呀，」他心裡想。

歐慕然的父親在自傳中也說，他與妻子舉辦婚禮之前，妻子和他的所謂丈夫需要辦理離婚手續。

中國

歐慕然小的時候，就發現父母親對一件瓷器雕像特別喜愛，他們不但總是讓它一塵不染，有時還久久地凝視著它，或者看著它說些他聽不懂的話。這件瓷器的造型是一位中國母親坐在那裡，面帶微笑，身邊圍著一群孩子。猶太家庭的民族傳統就是重視家庭和家庭教育。隨著年齡的增長，歐慕然對那件瓷器、對父母親對那件瓷器的重視都有了越來越豐富的理解。

　　和父親一樣，歐慕然也喜歡思考。每次見面、每有閒暇，他就和父親討論現實世界的種種幸福和痛苦、憎恨和感動、給予和回報、國家的發展和民族的前途，這種理性的交談成了他們父子相聚時的「保留節目」。

　　有時，弟弟們也來看望父母，於是，一家人圍坐在一起，一邊吃飯，一邊你一言我一語地聊。在回憶、暢談和思考的過程中，一種關於中國的理念在歐慕然的精神世界裡紮下了根，並溶入血液。

　　在這個世界上，有多少人知道這樣一個事實呢？早在一九一八年，當時的中國副外長曾給居住在上海的著名猶太人嘉道理去函，表示中國支持在巴勒斯坦建立一個猶太人的家園。更為有意義的另一件事實是，一九二〇年孫中山先生致函上海《以色列信使報》總編埃茲拉，信中說：「你們民族對世界文明作出如此多的貢獻，在世界各族人民大家庭中，理應占有值得尊重的一席位置。所有熱愛民主的人們，都會支持恢復你們美好歷史國家的運

《以色列信使報》的幾位創始人，左一是總編埃茲拉。

動。」

　　希特勒的反猶運動開始不久，孫中山夫人帶領一個代表團會見德國駐上海總領事，強烈抗議納粹暴行，代表團中包括中國人權同盟的所有重要領導人。

　　還有一件事是他後來才知道的，第二次世界大戰期間，當時的中國政府已經打算在雲南劃出一部分土地，用以安置從歐洲逃難來的猶太人。

　　自古以來，猶太人在世界各地大都遭遇反猶主義。這種對猶太人的普遍的敵視態度，使猶太人千百年來作為一個散落在世界各地的少數民族，不斷受到排斥和限制，在一次又一次的大迫害大屠殺中歷盡摧殘。世界上沒有出現反猶情緒的國家，寥寥無幾。中國從來沒有出現過在許多國家特別是西方世界屢見不鮮的反猶活動。

　　人們為什麼仇視猶太人？一個重要的原因是宗

教偏見，另外一種可能是猶太人聰明，很多人不願意看到這樣一個人數很少、擁有自己的文化和宗教的民族生生不息。

中國拒絕反猶主義，這當中自有它的道理。中國人主要受儒家思想、道家思想以及佛家思想的影響，和猶太人的文化有許多共通之處。兩種文化均重視家庭價值，都把教育看成是文化非常重要的因素。

另外，中國人和猶太人一樣屢遭苦難，這使他們對遭受同樣命運的猶太人民深表同情，反對任何形式的反猶主義。

「過去一百年來，白人國家紛紛以各種不同方式前來壓迫剝削中國。例如歐洲國家來的居民獲得治外法權，這種情況使許多中國人產生對白人的極大反感。中國人自古以來懷著一種民族自豪感，他們不能忘記他們輝煌的文化和歷史。」每次翻開父親的回憶錄，看到他對中國的感想時，歐慕然都有新的感觸。

父親在回憶錄中多處提到他年輕時的中國朋友老嚴。他說：「我從老嚴的談吐中，也從他的品格中學到許多東西，了解到中國人身上的許多優點和長處。我聽老嚴說到他年老的雙親，他總是流露出對老人的一種敬重和愛戴之情。我知道，這不僅是老嚴個人的性格表現，而且是中國人的典型性格表現。他談到他母親在家庭裡的作用；當時許多像他們一樣的孩子都沒有機會上學，特別是在鄉村，母

親就擔當起教育他們的責任……老嚴的身上具有中華民族的所有優良品質，我想，他是中國人非常典型的代表。我同他交談過這麼多次，從中得出一個強烈印象，那就是中國人非常勤勞，知足，崇尚教育，助人為樂，時刻為家庭和朋友著想。中國人不為槍炮所征服，卻以他們的勤勞成功『吞沒』了其他國家。」

其實，中國和猶太民族的淵源又何止是從近代才開始、又何嘗只是由奧爾默特家族延續的呢？

歐慕然的希伯來名字叫「亞伯拉罕‧奧爾默特」。一次，他到中國的「十朝古都」開封訪問，參觀了陳列有幾百年前猶太人留下的希伯來文銘文石碑的開封歷史博物館。看著看著，他驚喜地發現，一塊石碑上面竟然刻著摩西的名字！他興奮地對陪同他的中國朋友說：「摩西是猶太人的領袖，亞伯拉罕是摩西的父親，而我的名字是亞伯拉罕。」大家先是驚訝，接著才悟出其中道理，原來幾千年的歷史竟然與活生生的現實在中國聯繫到了一起。

歐慕然對本民族有著天然的自豪感，對本民族的歷史充滿興趣。他讀過沙博理的那本《中國古代猶太人》，他還讀過其他專家的這方面的論述。這給了他思考和想像的空間。

早在一千多年前的中國宋代，甚至更早的漢唐時期，就已有猶太人長途跋涉來到中國。他想像著猶太人的十個失散部落的一大部分人，遷徙到了印

度，經過幾代人的時間又輾轉來到中國，並進入甘肅地區，接著又逐漸分散到中國的其他地方的情景；他想像著中國四川的一支少數民族羌民是失散十部落的後裔，他們誠實、友善、感恩、助人為樂、慷慨為懷、謙虛謹慎。這些都是堅韌不拔的猶太民族的性格特點。而且他們也信仰一個上帝，稱它「阿巴赤」，意思是「上天之父」，也稱它「瑪比楚」即「上天的靈魂」，或者直接稱「天」。每當遭災時，他們就呼喚：「亞赫華」。在猶太人的聖經裡，上帝就是「耶和華」。

歐慕然熟悉十九世紀二十世紀之交、尤其是第二次世界大戰時期，出現過大批猶太人進入中國的浪潮的那段歷史。中國的上海和哈爾濱，成為飽受迫害的猶太人尋求避難的全世界最好的棲身地之一，被猶太人稱為自己的「東方家園」。 在這前後，猶太人還在中國的其他地方形成了自己小規模

二〇〇二年，在歐慕然的推動下，中國-以色列示範牛場落成。

現代飯店，由猶太富商約瑟‧卡斯帕創辦於一九〇三年，為當時哈爾濱設施最豪華、服務最完備的飯店之一。

的社區，像天津、瀋陽、齊齊哈爾、滿洲裡。

　　一九四一年，歐慕然的祖父去世並安葬在哈爾濱後，歐慕然的祖母全家都搬到了上海。他的小姨在上海逝世並安葬在了上海。歐慕然確信，幾乎所有這些城市都與他的家族有著或多或少的聯繫，都曾經留下他們家族成員的足跡。

　　在歐慕然的內心深處，還有一種自豪感讓他對中國有著家的感覺。古代猶太人落戶開封，近代猶太人選擇東部城市，像上海和他們一家人所在的哈爾濱落腳，以他們的勤勞和智慧參加了把這些城市提升為國際化都市的建設，而且作用巨大。許多建築物和幾家飯店都出自他們的手筆。以上海為例，猶太人沙遜、嘉道理和哈同的名字在這座城市中將

會和這個城市一樣永存。今日還矗立在上海外灘的著名的和平飯店，就是舊日的沙遜大廈；一樣著名的上海大廈，同樣是沙遜集團當年建造的百老匯大廈；上海展覽館所在地原為哈同公園；今天的上海市少年宮的「大理石宮」，曾是嘉道理家族的寓所。

一九〇三年哈爾濱只有大約五百名猶太人，過了幾年，猶太人就猛增到大約三萬人。哈爾濱的第一家飯店「現代飯店」就是猶太人創辦的，它保留至今，經修繕後依舊沿用「現代」這個名字。哈爾濱最早的銀行、商店、咖啡館、報紙，甚至面包房、麵粉廠和煤礦也都是由猶太人開辦的。一九〇〇年，猶太人還在哈爾濱建立了中國的第一家啤酒廠。

有著自身的根源、帶著上面說過的這些認知和自豪，中國怎麼能不是歐慕然內心中永遠割捨不去的地方？

中國的以色列農民

一九八九年秋季裡的一天，萬里高空上的歐慕然興奮得像個孩子。他從以色列特拉維夫飛到美國洛杉磯，又從洛杉磯飛到香港，再從香港飛往中國北京。儘管因為中國和以色列沒有建交，他要繞道大半個地球進入中國。但是，熟悉卻又陌生的中國向他打開了大門！兒時大紅燈籠裡那阿拉丁神燈一樣的夢幻，就要變成現實！

名義上，他是派拉蒙公司的顧問，而實際上他

是以色列農業發展公司總經理，此行的目的，是到廣西南寧柑橘產地考察，意願是簽訂協議，創辦一家柑橘合資栽培、加工、銷售一條龍企業。

當年，經過五年寒窗之苦，歐慕然以農學學士學位畢業，專業是灌溉和土壤科學。

同期畢業的好些同學都到實驗機構搞研究工作去了，辦公環境和生活條件都很優越。但是他覺得應當和父親一樣，到農場去和農民一起幹活。對於一個自然條件十分惡劣的國家來說，那是以色列生存和發展最需要的地方。

歐慕然選擇的是田間水土服務局，職責是推廣不同作物的有效灌溉方法以及土壤施肥的有效途徑。

從此他開始了一段繁忙而又充實的生涯。經過幾年努力，他和農民有了經常性的實地直接接觸，對所從事的業務既精通又熱愛。他被晉陞為技術推廣局的地區部門主任。

他主管的農業技術推廣工作的地區，是以色列最大的農業地區，手下擁有農業方面的各類專家。在他的組織下，以色列開發了世界上最先進的農業滴灌系統。

在這個崗位上，他一幹就是八年，積累了大量經驗知識，不但大大增進了對農業各方面問題的了解，也獲得了管理手下一批專家的豐富經驗，並和農業界以及政府各部門機構建立了良好的關係。

漸漸地，他成為了以色列與其他許多國家國際

合作的知名專家。但是，他一直把自己定格在「農民」的位置上。他和他的父親有著相同的觀念：農民永遠都是一個國家裡最重要的人群。

　　飛機降落在北京機場。從機場通往市區的專用公路不夠寬敞，但平直而整潔。公路兩旁的楊樹林泛出金黃的顏色，透過樹叢的屏障看到的是無際的農田，還有星星點點的村落房舍。有西方記者曾寫道：「那矮小而凌亂的村舍，讓你根本想不到已經

進入一個大國的首都。」但是歐慕然看著這樣的景色想起的，是父親上世紀三〇年代在哈爾濱的生活經歷，想起的是童年時期在巴勒斯坦居住過的農村，他感受到的是平和、寧靜和親切。

他遊覽了長城，吃了北京烤鴨，還參觀了故宮紫禁城。和平門北京烤鴨店給他留下的印象極其深刻，不是美味，而是店面能容納兩千人同時就餐的驚人空間！在以色列，最大的餐館只能同時接待三百人。

兩週後的十月二十四日，歐慕然從桂林取道香港飛返美國。他百感交集。這次中國之行從商業意義上來說並沒有取得成功，但是，他在自己的日記中寫道：「中國遼闊的疆土、久遠的歷史文明和中國人旺盛的活力以及經濟發展的強勁勢頭，都給我留下了深刻的印象。而初步接觸到的社會時弊，也給我帶來某些疑惑和不安。但這同時讓我更深入地了解到一個不斷變化中的偉大國家所面臨的種種挑戰，讓我對繼續探索第二故鄉激發起更大的期待。」

歐慕然此行的另一個遺憾，是他沒能有機會到哈爾濱看望祖父的墓地。

不過，當十二年後他最終來到哈爾濱並且之後又多次來到這座城市時，他以自己的行為得到了這座城市的讚賞。當地的報紙報導說：

「在歐慕然公使的大力推動下，以色列同中國簽署了一系列農業和畜牧業合作項目：農業科技示

歐慕然擔任中國幾所大學客座教授的聘書

範圍、奶牛飼養示範圍、節水灌溉工程、農作物抗病保健技術合作等等。從廣西到黑龍江、從新疆到山東，他幾乎跑遍全中國。他說：『我總是把一些合作項目盡量弄到中國來。』他雖然不是哈爾濱出生的，但也像其家族的上兩代人那樣，一直把哈爾濱視為第二故鄉，這些項目的創設，可算是以色列人民對哈爾濱人民深情厚誼的一種回報，也可算是他的家族對哈爾濱鄉親們表示的一點敬意。」

他知道，那不只是這座城市的聲音，也是偌大的中國的聲音。他相信，祖父的在天之靈一定會為他感到驕傲和自豪。

一九九三年，他作為以色列國際合作中心負責人，在北京郊區建立了第一片中以合作試驗田；二〇〇〇年到二〇〇四年，他擔任以色列駐華科學和農業公使期間，在北京建設了中以合作高科技奶牛和奶製品示範農場；他還在新疆、黑龍江建設中以合作農業示範基地。這期間，僅新疆一地他就去過二十二次。

以色列和廣西的農業合作，只是他的厚厚的成績單中的一張：以色列的節水農業技術在廣西的花卉、甘蔗和水果種植業中遍地開花；廣西先後有五百多名技術人員和官員到北京中以國際農業培訓中心學習，其中有六十多人到以色列接受進一步培訓；在首府南寧，建立了占地二千七百公頃的合作示範農場，裝備以色列耐塔芬公司提供的先進滴灌系統。另外，以色列政府和廣西地方政府還簽訂了

國際先進農業技術合作協議，這將進一步推進以色列先進農業技術在廣西的推廣和應用。

中國是個農業大國，有著十三億多的人口。吃喝的問題永遠是最大的問題。在這樣一個國家取得這樣的成績，讓歐慕然覺得他是中國的最好的農民之一。

乒乓球

二〇〇一年一月的一天，正是哈爾濱一年中最寒冷的時候，那一天氣溫是攝氏零下三十一度。

前一天剛剛下過雪，地上積雪很厚，走向祖父約瑟夫長眠之地的腳步發出陣陣聲響，歐慕然覺得，那聲響像是他和祖父的隔空對話。整整六〇年後，他代表整個家族來看望他了。他彷彿看到了祖父伸出的雙臂。

那是一座陳舊的墳塋，墳墓的一端已經坍塌，上面長出了一棵小樹。他十分懊惱，心想也許把祖父的遺骨送回以色列和在那裡的先人安葬在一起更好。不過經過一番思索，他還是決定讓祖父留在下葬的原地。於是，他立刻用電話聯繫上弟兄們，商量修葺祖父的墳塋，大家一致贊同。

「請把長在墳頂上的小樹拔掉吧，」他對墓地的管理人說。「先生，不能拔，這可是福兆呀！在中國，皇帝都希望他們日後的墓地上長出樹木呢，」管理人萬分惋惜地說。但他解釋說：「謝謝

你的好意。但依照猶太人的傳統，墳墓不能被雜物分割兩半，必須是合攏為一個整體的。」修葺一新的墳塋肅穆莊重，這讓他感到寬慰，並覺得讓祖父在他心愛的這片土地上安息長眠是做對了。對著墳塋他在心裡默默地說，祖父，您在這裡生活、奶奶在這裡擺小攤賣牛奶，我的父親在這裡經營農場，而今天，你們的子孫正在秉承你們的事業，在你們曾經生活和拚搏的地方，幫助這裡曾經那麼善待你們的人，建立起最先進的現代化農場和奶牛場，參

中國哈爾濱，歐慕然祖父墓地。

加他們消除農業落後和人民生活貧困的鬥爭；我們也像你們和父輩一樣，和這裡的人民結識。我很高興，我的努力得到了他們充分的認同，我和他們結下了新的友誼……

在這裡安息長眠的猶太先人當中，除了歐慕然的祖父，還有以色列前總理拉賓和現任以色列中國友好協會會長考夫曼的親屬。

後來他才知道，在中國，只有哈爾濱的猶太人墓地保留下來了，其他城市像上海和天津的墓地都已完全消失。

就在祖父的墳塋修葺一新的那天，他在哈爾濱猶太人事蹟展覽會上偶然發現一張照片，上面站著五位年輕人，敞著上身，緊握拳頭。居中的一位正是他的父親：那樣年輕、健康、英俊……

他總是覺得，自己的生命中附著祖父和父親的生命，他在中國的所有經歷，祖父和遠在以色列的父親也都能經歷和感受。

北京朝陽公園是市區裡面積最大的公園，離他住的飯店不算遠，使館裡有人告訴他，公園裡的場地上有許多業餘選手打乒乓球。他們之所以告訴他這件事，是因為他打敗了使館中包括總領事在內的所有乒乓球愛好者。

他不知道祖父是不是打乒乓球，反正父親的乒乓球打得不錯，這也讓他對乒乓球運動情有獨鍾。在中學的時候他是學校的冠軍，在部隊上他是連隊裡的第一名，到了大學，他還是沒有對手。他知道

中國的乒乓球水平有多高，但公園裡的選手水平再高又能高到哪裡去呢？一天，他帶上球拍到了朝陽公園。看了一會兒，他的自信心受到了前所未有的打擊。但最後他還是選了一位年紀已經不小的女將當對手。

連輸五場後，他終於明白中國人為什麼會在乒乓球運動上稱霸世界了。不過，他決心不放棄訓練，一定要找機會在朝陽公園和女將們的對壘中贏回一場。

在中國生活多年，歐慕然也遇到過黑出租車司機訛錢、在下榻的飯店被為難的事，但這類事正在減少。他感受最多的，還是中國人的熱情和友善。

二○○一年的一天晚上，歐慕然和夫人到達陽朔。第二天早上，當他們走到一家餐廳準備用餐時，一位姑娘走過來，說可以帶他們去遊覽別的外國人去不了的地方。她還自我介紹說她姓徐，名叫桂榮，叫她「小榮」好了。她性格的開朗和相貌的喜興勁兒贏得了歐慕然夫婦的好感。

看過一般嚮導都帶去的一個地方後，小榮領他們轉進一條偏僻的小路，它通向遠處的一個村落。那是個古樸然而也貧窮的村子。接著，小榮又把他們領到數公里外的第三個地方。讓他們沒有想到的是，這是小榮的家鄉——陽朔縣高田鎮歷村。小榮家裡一共四個孩子，二十歲的小榮是最小的。家裡貧困，連上學讀書也是一種奢望；她的姐姐們都只讀完了小學，只有她勉強上完了中學。從前村裡以

農業為主，現在人們做起了旅遊生意，開飯莊、賣土特產，生活也漸漸富裕起來。「我沒有專門學過英語，可是跟外國朋友接觸多了，就漸漸學會了，最起碼能和他們交流了，」小榮說。

小榮和家人請他們吃了一頓雖然簡單但十分可口的農家飯。在當地人的風俗中，請到家裡吃飯是最高規格的招待。吃完飯，小榮拿出她早已準備好的筆記本，要他為她留言。他寫下的話是：「小榮，一個在中國農村長大的姑娘，領著世界各地的賓客遊覽，用英語和他們交談。而在新中國成立之前，這個村子的人目不識丁，小榮是他們當中一個優秀的新中國產兒。祝小榮萬事順遂，我們將你銘記在心。」

世界太大，但有時卻也太小。三年後的一天，歐慕然和夫人正在陽朔的街頭散步，突然傳來一個女子的呼叫聲，循聲一看，竟然是小榮！他和夫人情不自禁地按照西方相互吻臉的方式和她問好。小榮又拿出了她的那個筆記本，請他們再給她寫上幾個字作紀念。歐慕然和夫人覺得，無論是對他們還是對她來說，這樣的重逢都太可貴了。歐慕然寫道：「親愛的小榮，自從認識你以來的三年時間裡，我們學到了許多東西。我們到過許多地方，見識了許多不同的事物，但我們一直沒忘並惦記著陽朔邊上一個村子裡的姑娘，你，小榮。再次相逢，不勝幸福。」寫完，歐慕然趕緊說：「上次承蒙你盛情招待，為我們準備了美味佳餚，這次，該輪到

我們回請你了。」於是，他們到了供應以色列飯菜的餐館，度過了他們多次訪問陽朔中最具親情味兒的一天。

還有一次，也是在陽朔。他們坐上出租車要回桂林乘飛機返回北京。車子起動後沒走多遠，突然靠路邊停了下來。他正在納悶，司機轉過頭說：「我認識您。」「什麼，你認識我？」一個和他生活的國家相隔數千公里，而且事業上毫不相干的人竟然認識他？司機卻興奮地告訴他，在中央電視台第七頻道的報導中看見過他。他說：「您是以色列人。您幫助我們發展農業技術，提高農作物的收成。」司機不但認得出他，而且對他的所作所為心懷感激，這讓他感動萬分。車到桂林，司機說什麼也不收車費。「能開車送您我已經很幸運啦，我可不是每天都這麼開心啊，」他說。

中國的家人

中國的很多地方都給歐慕然留下了難忘的回憶。而山東給他的，不僅是難忘的回憶，還有一份不尋常的幸福。儘管這份幸福的來由，不像他父母親的婚姻那麼「吉普賽」，但他還是相信，其中必有特別的緣分。

他忘不了那個日子，那是二〇〇一年的四月二十日。他和夫人應邀到達山東濰坊參加中國山東濰坊風箏節。對歐慕然來說，山東有父親曾到過的青

歐慕然夫人列金娜和他們的中國乾閨女趙紅、乾外孫湯姆合影。

島、山東還是父親的朋友老嚴的家鄉。

濰坊到處是濃濃的節日氣氛，街道兩旁懸掛著彩色燈籠和飄帶，歌聲和樂曲聲響徹大街小巷，眼光所到之處都是各式各樣色彩斑斕的風箏。而一個叫趙紅的陪同翻譯，更是讓他們倍感親切。

這個年輕的翻譯英語講得不錯，訪問期間給過他們許多幫助，讓他們在整個活動過程中都感覺輕鬆和愉快。最讓他們欣賞的是，她的熱情並不單單是因為這是她的工作任務，而是出自她天性中的熱忱。

「我申請了一個到以色列學習的培訓班，正在

等待答覆呢。」一次閒談時她向他透露。「以色列大使館接到你的申請表格並且通過電話和你接談過嗎？」歐慕然問她，她點點頭。她不知道的是，主管這項工作的，正是歐慕然。

從濰坊回到北京後，歐慕然讓秘書把申請表拿給他看，趙紅的表格上他批了個同意。他又聯繫耶路撒冷以色列外交部負責這項事務的工作人員，詢問趙紅是否在批准名單之列。不用說，趙紅最終赴以色列參加了培訓班，完成了學習工作。

培訓期間，歐慕然的女兒像親姐妹一樣給了趙紅熱情的關照，讓趙紅得到了一種家庭般的溫暖。

回國後，趙紅和朋友聊起，去以色列學習之前聽說過猶太民族，總的評價是大都聰明能幹，做生意十分精明、狡猾。到了以色列她發現，她接觸到的猶太人都是那麼熱情、有愛心和有教養。一天她和班裡幾個同學在街上走得正累的時候，一位五十歲上下的開車路人經過，他停下車跟他們打招呼，知道他們來自不同國家，就熱心地把大家送回了學校，不但如此，第二天他還專門派車接他們到他家裡作客，帶到超市挑選各人喜歡的各種美味食品，然後回到家裡親自動手做飯，款待大家，就像對待自己多年不曾回家的孩子。

趙紅在學校裡學習的是外語專業，畢業後就分配到了濰坊市政府的外事辦公室做外賓接待工作。工作期間，她接觸過不少外國人。但奇怪的是，在機場初次見面，她就對兩個以色列長者有好印象。

「他們看上去慈祥、和善。他們是有很高身分的人，但和我這個平凡的女孩子相處，卻能像長輩愛護小輩一樣相待，這種平易和友善讓我覺得親切、放鬆和愉快，」趙紅後來對朋友們說。

風箏節期間，歐慕然的夫人生病了，趙紅給她聯繫醫生，替她端茶遞水，一直守候在她身邊。夫人的病很快就好了，一老一小兩個女人走路也摟在一起走了。參加風箏節的一個外賓看到這種情形就笑著說：「你們可真像母女倆啊！」聽了這話，歐慕然的夫人認真地對趙紅說：「做我的乾女兒吧。」

歐慕然還記得，那是二〇〇二年，他和夫人第二次到濰坊訪問，陪同他們的還是趙紅。

「有一天，她突然對我太太叫了一聲『媽！』我聽到了，先是有些驚訝，但想起那是她們之間的小祕密，就笑著問她：『如果她是你媽，那我算什麼呢？』她回答說：『你是我爸！』從此以後，趙紅就成為了我們的乾閨女。這樣認親可能不算正式，她有自己的父母親，但我們把她當成了我們又一個孩子。趙紅常說，她有兩個母親和兩個父親，一個中國母親和一個以色列母親，一個中國父親和一個以色列父親。

「我們在中國真正有了自己的家人了，不只是我們的祖輩和父母曾經在這裡生活，我們的祖父和其他親人在這裡長眠，我們現在身邊還有了一個中國女兒。」歐慕然說。

歐慕然夫婦離開使館回國了，但一直和趙紅保

持著聯繫；只要有機會，他們就會到青島相見，後來他們夫婦還兩次專程到濰坊看望他們的中國乾閨女。

二〇〇四年，趙紅和一位棒小夥結了婚，不久有了一個小孩。歐慕然在自己的一本書中寫道：

「這一來，我們家不但有六個以色列孫子、孫女，又另外添了一個中國小孫子。想來在中國人的眼裡，我的家庭規模多麼值得羨慕——『四世同堂』，我當了曾爺爺，連同我們的子女、孫子女和曾孫子女全家共十六口人。現今又在中國添了個乾閨女、乾女婿和一個乾外孫子，掐手指一數，我們一家人足足十九口！

「趙紅請我們給小嬰兒起個以色列名字，我們為此頗費了些腦筋。我們想這個名字既要意思好，中文發音又容易，最後建議用 Tom。中文的習慣譯法叫『湯姆』。在希伯來語裡意思是『誠摯』、『天真』，英語國家常用這個名字。同樣重要的是中文唸起來朗朗上口。於是我們在中國有了個小孫子叫『湯姆』。

「我們最近到過濰坊，到趙紅丈夫的父母家裡作客，趙紅父母也來了，大家在一起吃午飯。三歲的湯姆是家中的小王子，他的身邊圍坐著一共三對祖父母和外祖父母。東道主是趙紅丈夫的父親，一位警官，他親自掌勺。飯菜可口、美味。我心想，難怪中國的廚藝那麼出名，一位業餘烹飪好手的手藝，就趕上高明廚師的親自出馬了。

「不用說，飯桌上洋溢著中國人家庭團聚的格外熱烈和親切的氣氛。我瀏覽面前的餐桌，將坐在桌子周圍的眾人認真一數，共有八個長者圍著一個小寶寶轉。我不由得又想起獨生子女的計劃生育政策。我想，湯姆將來會成為怎樣一個人呢？我看到八個大人圍著一個孩子團團轉，他要什麼給什麼，我希望這個孩子將來長大成人以後懂得，這個世界並不單純是一個『飯來張口，衣來伸手』的地方，你還要靠自己奮鬥才能有所獲。在這個世界上，你要付出而不僅僅是獲得。

「趙紅現在已經改行，應聘到濰坊的一所中學從事英語教學工作。她說：『我現在不是把教學當作一份工作去做，而是把它看作一份事業，一份責任，對社會、對家長、對學生的責任。』祝福她為神聖的教育事業多作貢獻，同時希望她教育好我們的共同後代──她的小兒子、我們的小孫子湯姆。」

任職期滿，正準備上路回國的時候，歐慕然接到邀請，參加一個授名儀式。在那個隆重的儀式上，他接過了中、英兩種文字的聘書：「茲聘請歐慕然先生為中國農業大學客座教授。」之後，又有另外三所中國大學授予了他客座教授的頭銜，分別是哈爾濱東北農業大學、山東萊陽農學院、吉林大學珠海學院。

「這些年來我在中國的經歷與感受，可以概括為一個詞：愛。要說我今日對中國的感情，我承認

我愛上了中國。」歐慕然說，「我有一個夢想，假設有一天收到中國政府頒發的證書，表彰我對發展中國農業技術所作的努力和貢獻。我會以此讓我的中國同伴為他們的以色列友人感到驕傲，讓我的中國乾閨女趙紅和我的中國小孫子湯姆為他們的以色列『父親』和『爺爺』感到自豪。我不知道這個夢想能否實現，但這不妨礙我將它留在心中，並將它作為最好的鮮花和石塊奉獻在我祖父的墓前。」

何北劍 編寫

戰地醫生羅生特

朋友

　　一九四四年的一天，一個外國人在中國山東省被一位女演員邊舞邊唱的演出迷住了。演出一結束，他就走到後台向這位演員作自我介紹，然後說：「我很喜歡音樂，在大學讀書時經常上台唱歌，你表演得很好，我願意跟你交朋友。」這位十六歲的小女孩調皮地說：「我才不跟你交朋友呢，打針吃藥，我一看到穿白大褂的醫生就頭疼。」當然，他們還是成了朋友。

　　這個小女孩名叫蘇偉，是新四軍文工團的演員。那時候，中國共產黨領導的新四軍駐紮在山東省境內，文工團是這支軍隊中建立的「文化工作部隊」。在共產黨建立新中國的年代，大多數中國人生活貧苦，文化素質不高。文工團的任務就是為由勞苦大眾組成的共產黨軍隊唱歌、跳舞、演出小話劇。在鼓舞士氣方面，任何方法都比不上文工團的作用。

　　他們相識的第二年年底，蘇偉染上了副傷寒，高燒不退，生命垂危。得到消息，在九十公里外而且馬上就要出發的那位外國醫生，立刻馬不停蹄地趕到醫院為她治療，然後又騎上馬返回九十公里外的駐地。

半個月後的一天，護士把蘇偉到扶到病房外的一個樹樁上坐下來。一抬眼，蘇偉看見對面牆邊有一口小棺材，讓她大吃一驚的是，棺材蓋上竟然寫著「蘇偉」兩個字。看到她目瞪口呆的樣子，護士趕忙解釋：「你認識的那個外國醫生救了你的命！你昏迷了二十一天，就在我們要把你裝進棺材時，他趕到了。」

　　當天晚上，蘇偉又發起了高燒，昏沉中聽到有人大聲喊：「蘇偉的病已經好了，怎麼還讓她住太平間？趕快把她轉到康復病房，她的病已經全好了！」接著，蘇偉覺得自己被人抬起來，走了好長一段路，放在一個全新的、溫暖的地方。

　　第二天蘇偉退燒了。人們告訴她，昨天，大家按那位外國醫生的囑咐，用心理療法為她治療副傷寒病出現的病情反覆。其實他們只是把她的床抬起來，在原地晃了晃。

　　就這樣，蘇偉的病好了。她又在舞台上邊舞邊唱了幾十年。

　　救蘇偉命的這位外國醫生，就是羅生特。當然，這是他的中國名字。

新四軍中第一個外國人

　　一九四一年一月四日到十四日，中國安徽省南部的一大片地區籠罩在槍炮聲中。那是一場震驚世界的、國共軍隊間的大規模衝突。被後人稱作「皖

南事變」的這場衝突，交戰雙方總兵力達數萬人，打了七天七夜。

新四軍全軍大約有九千人，除兩千多人突圍外，其餘大部分陣亡、失蹤和被俘。

國民革命軍的總司令蔣介石下令：取消「新四軍」番號！但是共產黨立刻發佈命令：重建新四軍！並任命後來成為共產黨中國外交部部長的陳毅為代軍長、後來成為國家主席的劉少奇為政治委員。

就在這一年的三月中旬，一位身穿黑色長袍、胸掛十字架的德國傳教士行走在山東境內，身邊還跟著幾個中國隨從。「羅生特……」細心的人可以聽到他身邊的中國人這樣叫他的名字。

這位羅生特，就是上面提到的那位外國醫生。他喬裝改扮，目的是奔赴重組的新四軍軍部所在地。羅生特是護送他的人在路上為他起的中國名字。

他們到達新四軍軍部駐地江蘇鹽城的那天是一九四一年三月二十日。讓他沒想到的是，新四軍代軍長陳毅和軍政委劉少奇走出駐地很遠前來迎接他。這種禮遇，讓他深受感動。

「中國有句古話：有朋自遠方來不亦樂乎！本軍全體將士熱烈歡迎羅生特先生！期待羅生特先生的才華，在中國的抗日鬥爭中大放光彩。」陳毅豪爽地對他說。

第二天，新四軍的衛生部、抗日軍政大學分

校、魯迅藝術學院華中分院的幹部、戰士和學生近千人，為羅生特召開了歡迎會。這種盛大的場面，成了羅生特一生中最震撼、最美好的經歷。

會上，陳毅致歡迎辭，羅生特也發表了講話。當時的中共中央華中局機關報《江淮日報》發表評論說：「在蘇北，參加新四軍的國際友人，羅生特是第一個。」

隨後，羅生特被安排在新四軍總部醫院工作，並被任命為衛生部顧問。

從此，這個叫羅生特的外國人，在中國開始了他人生中最獨特、最重要的旅程。

後來，他成為了中國共產黨軍隊內軍銜最高的外國人。

猶太人雅各布・羅森菲爾德

一九〇三年，烏克蘭利沃夫的萊姆貝格的一個猶太家庭生了一個小男孩，家裡給起了雅各布・羅森菲爾德這個名字。這個男孩後來到了中國，被稱為羅生特。

一九二七年，雅各布・羅森菲爾德以優異的成績從維也納大學畢業，獲得綜合醫學博士學位。不久，他離開了任職的維也納大學醫院，自己開設了一家泌尿科診所。

受工人革命運動的影響，雅各布・羅森菲爾德加入了奧地利社會民主黨。一九三三年四月，基督

羅生特（1903-1952），一九三九年從奧地利來上海的猶太難民，一九四一年離滬參加抗日戰爭，在中國共產黨領導的軍隊中工作達十年之久。

教社會黨人陶爾斐斯發動政變，接管了奧地利國家政權，社會民主黨被取締。第二年，雅各布·羅森菲爾德因為反對納粹被捕，在獄中，他斷了兩根肋骨。

一九三八年，納粹德國吞併奧地利後開始清洗社會民主黨人、迫害猶太人。雅各布·羅森菲爾德成了代號「9615」，被關入德國布痕瓦爾德集中營。一年後被釋放，當局把他驅逐出境，並勒令永遠不許回國。

拖著虛弱的身體，雅各布·羅森菲爾德走投無路。最終他得到了兩張中國駐維也納總領館的簽證。

一九三九年八月五日的暗淡，讓雅各布·羅森菲爾德的生命有了永遠無法照亮的角落。這天，他帶弟弟約瑟夫離開了祖國。從漢堡出發的「埃尼阿斯」號輪船，把他們送到了陌生的中國。

很快，中國上海的法租界內，出現一家越來越有名氣的泌尿和婦產科診所，診所的老闆和醫生就是逃亡的猶太醫生雅各布·羅森菲爾德。他高超的醫術和優秀的品德，很快就讓他有了安定和富足的生活。

但是，雅各布·羅森菲爾德不是一個隨波逐流、任命運主宰的人。在漂泊中，他認識了記者漢斯·希伯和夫人涂魯德。這個希伯是波蘭籍猶太人，德國共產黨員。一九二五年希伯就到了中國，曾在由國民黨主宰的中國國民革命軍中任職，後來

猶太難民走下輪船，
來到中國。

又到了共產黨的根據地延安，會見了共產黨的最高
領導人毛澤東、周恩來等人。一九三九年他到新四
軍中採訪，第二年又考察了共產黨的山東抗日根據
地。

有著奧地利社會民主黨黨員背景的雅各布・羅
森菲爾德，很快參加了由希伯領導的一個外國人學
習小組。

「共產黨領導下的八路軍、新四軍主要是在日
本侵略者的後方堅持游擊戰，這種戰鬥要在農村建
立根據地。根據地在政治上實行民主，在生產上自
力更生。在共產黨行使政權的地方，有一股清新的
空氣，在上海、在租界、在國民黨行使政權的任何
地方，都沒有這種氣息，甚至可以說，中國幾百年

來都沒有這種氣息……」漢斯·希伯的講述總是引人入勝。「不過，他們的生存條件太艱苦，那裡的軍民尤其缺醫少藥，儘管這沒有影響他們抗擊日本侵略者的士氣，但是，他們的傷病員就太可憐了，本來完全可以保住的腿，卻常常因為控制不住感染而被鋸掉，甚至是在鋸的時候也沒有麻藥……」

雅各布·羅森菲爾德決定拋棄在上海的富裕生活，把自己的命運和中國人的命運聯繫在一起。他向漢斯·希伯提出要求，介紹他到共產黨的抗日根據地去，直接參加中國的抗日戰爭，貢獻自己的力量……

神醫

從失去祖國的醫生雅各布·羅森菲爾德，到新四軍衛生部顧問羅生特，這種轉變對遭到迫害的猶太人來說，像是從無盡的長路終於走到了家鄉。

立刻投入工作的羅生特，二十四小時應診，病人什麼時候來，他就什麼時候給看，出急診更是隨叫隨到。由於醫術高明，他很快在整個新四軍部隊和部隊駐地的老百姓中有了一個「大鼻子神醫」的稱號。

一九四一年七月，日本侵略軍進攻新四軍駐地，上級把羅生特轉移到了安全地區。「我不能待在這裡，我必須到前線去，那才是醫生應該待的地方！」當他得知前線已經有很多傷員需要治療時，他堅決要求到前線去。

來到前線的羅生特，馬上設立包紮所，並立即

給傷員實施手術。餓了，他就咽嚥唾沫，困極了，他就用毛巾蘸冷水在頭上敷一敷，每天都一口氣做完全部手術。

在簡陋的包紮所裡，他治好了日照縣大隊李勉的小腹貫穿傷、治好了濱海支隊司令員萬毅的兩腮貫穿傷、治好了特務團團長張仁初的左臂槍傷、治好了二旅曾炳華營長的傷。

一九四三年四月，時任山東軍區司令員兼政委的羅榮桓在夫人林月琴的陪同下，來到羅生特所在的黃花塘。

羅榮桓尿血不止卻查不出原因。羅生特認為他右腎有病變，懷疑是惡性腫瘤，但苦於沒有 X 光機無法確診，所以不敢貿然開刀，只好提議做保守治療。每天，羅生特都給羅榮桓量血壓、脈搏、體溫，看尿樣。一個多月過去了，羅榮桓病情穩定下來，返回了前線。

一九四四年八月三日出版的《大眾日報》，專門報導了羅生特為群眾治病的事，報導中說：「山東軍區衛生部附屬所半年來平均每天給十幾個老百姓治病。國際友人羅大夫很和藹地給老百姓開刀……一個大姐患眼疾，經數日治好，大姐和她母親感激得不知說什麼好。」

「醫生不能坐在家裡等病人，要到群眾家中發現病人，解救痛苦。這才能被人民叫做醫生。即使你也有病了，但只要還能動，對患者就沒有拒絕的權利。」羅生特的一位助手回憶說，因為經常聽羅

一位中國老人把一面
錦旗贈給羅生特的侄
女安‧瑪格麗特‧費
麗亞，錦旗上寫著：
「沒有羅生特醫生，就
沒有俺一家人。」

生特這麼說，他都能背下他說的話。

　　新四軍一直住在農村，有一段時間，駐地流行
黑熱病(俗稱大肚子病)，在當時，這是一種不治之
症。但羅生特憑著自己的高超醫術，讓很多農民恢
復了健康。羅生特還為省參議會女議員彭葆仁成功
地實施了乳腺癌切除手術。

　　一天，有人看到羅生特在水井裡，就大喊大叫
起來：「不好了、不好了！羅生特跳井了！」不一
會兒，井口就圍上了二三十人。羅生特的助手無數
次地解釋，這是羅大夫在給自己治病，但圍著的人
就是不相信。過了好久，羅生特被人用繩子拉了上
來。他一臉笑容地對人們說：「我感冒了，我們沒
有有效的退燒藥，高燒不退不行呀。我就叫他們把

我放到井裡，用井水把體溫降下來。現在，我感覺好多了。謝謝大家的關心。」

羅生特創造性的工作方法，讓新四軍醫務人員無不驚訝和敬佩：沒有金屬鑷子，他就用竹片代替；沒有凡士林，他就用牛油羊油；沒有膠布，他就用牛皮紙涂一層膠代替。

「同志，痛嗎？」做人工流產手術時，羅生特總是這樣問。他設計製造了可以調整高低的婦科床架，還讓銀匠用銀元打造了子宮擴張器。如果她們是已婚女戰士，他就說：「還是避孕好，對工作、對個人都有好處。」如果是生過孩子的，他就說：「還是絕育好，對工作、對個人都有好處。」

在戰爭年代，女戰士不僅要工作、戰鬥，還要生兒育女帶孩子。懷孕了就得挺著個大肚子行軍作戰，生下的孩子也沒法隨身照料，只好寄養在老鄉家裡。所以，羅生特為新四軍帶來的中止妊娠技術，使女戰士在生育上獲得了解放，也提高了整個部隊的機動性和戰鬥力。

高超的醫術和和藹的態度讓羅生特在新四軍和這只軍隊的駐紮地非常出名，戰士和老百姓都讚譽他是中國古代最著名的醫生「華佗」轉世。就是現在，在新四軍當年駐紮過的地方，還流傳著很多羅生特治病救人的故事。

為了表彰羅生特，他被評為新四軍衛生界的英雄模範。

一九四二年初，新四軍政委劉少奇奉命要返回

共產黨總部所在地延安，請羅生特同行，以提高總部所在地的醫療水平。但是在黃河邊，他們被敵人打散，羅生特等人又回到了新四軍所在地。後來，羅生特還有好幾次去延安的計劃也都因為各種原因沒有實現。他失去了更早見到中共領袖毛澤東和其他高級領導人的機會，這也侷限了他在中國共產黨軍隊中更廣泛的影響。

羅生特醫院

羅生特參加的新四軍，不僅缺乏必要的醫療設備，尤其缺少醫療人員。

「陳軍長，我發現我們缺少醫務人員，現有的醫務人員中，很大一部分也缺乏必要的醫務知識。我們能不能開辦一所衛生學校，培養自己的醫務人才呢？」一天，羅生特特意到陳毅的住處提出建議。「太好了！就由你來當這個學校的校長吧。」陳毅興奮地說。

不久，新四軍華中衛生學校正式開學，第一批就招收了五十名學員。

羅生特不但親自講授基礎理論、生理解剖、內外科、藥理、戰場救護等課程，還編寫教材，制定嚴格的培訓制度。

他把隨身帶來的所有醫療器械都捐獻出來，讓沒有受過專業訓練的學員們，通過對醫療器具的了解，盡快掌握救助傷員的本領。他還設計教具，實

際解決缺少醫療器械的困難。

「大家看，這是什麼？」在講解固定傷肢技術時，他一會兒舉起兩條木板、一會兒拿起兩根樹枝，甚至讓戰士把身上的槍遞給他、讓在旁邊看熱鬧的農民取來幾根高粱稈，「這些都可以用，只要固定得好，效果是一樣的」，他解釋說。

一次，他的話把在場的學員們聽得都睜大了眼睛。「一個醫生必須有音樂家的耳朵，鷹一樣敏銳的眼睛，一雙萬能的手，還要有戲劇家的嘴巴。」看著學員們似懂非懂的神態，他只好進一步解釋說：「醫生要學會像戲劇家那樣，用柔和的聲調、親切明快的語言去安慰病人。」

在新四軍的駐地，羅生特親自設計了一所占地六十多畝、有近百間房屋的戰時醫院。醫院內開設了內科、外科、婦科、手術室和化驗室，這不但是新四軍第一所比較正規的戰時醫院，還是衛生學校學員們的實習基地，也是當地老百姓的醫院。當時，很多人把這所醫院叫作「羅生特醫院」。

在羅生特的不懈的努力下，新四軍在創辦華中衛生學校之後，又創辦了華中醫學院、新四軍軍醫學校，為部隊培養了近萬名醫療衛生人員，這些人占新四軍衛生隊伍總數的百分之九十五。他們後來大多成了共產黨領導下的新中國醫療事業的骨幹。

逐漸走上正軌的新四軍醫療衛生事業，達到了前所未有的高度。傷病員的康復率有了大幅度提高，戰鬥力得到了明顯增強。

迷人的「大鼻子」

穿上新四軍軍裝，羅生特覺得自己格外精神，而且他也認為，作為軍人就應該穿著軍裝，所以他總是穿著軍裝。他所有的照片都是軍裝照。

中華人民共和國元帥羅榮桓回憶說：「來自音樂之都維也納的羅生特喜歡唱歌，聲音洪亮，很動聽。他唱的歌，既有《延安頌》等中國歌曲，也有西洋歌曲。

「他性情開朗、活潑，很喜歡小孩子，對他的通訊員紅小鬼李光，更如同兄長對待弟弟、父親對待兒子。

「他和我們家來往多了以後，很喜歡逗我的孩子東進，讓東進叫他『大鼻子叔叔』。東進一叫，他就高興地答應，然後哈哈大笑。」

當羅生特在報刊上發表了《仇恨的積鬱》、《論第二戰場》等政論文章和《反法西斯進行曲》、《我們是中國的青年》等詩詞時，人們才注意到，他的身上還有詩人、音樂家和政論家的氣質和才能。在《仇恨的積鬱》中他寫道：「法西斯集中營是一種民族的牢獄。」「新鮮的空氣在整個北中國吹蕩著……共產黨將領導中國在新民主主義的大道上轉變成近代的國家。」

「我要寫書，向全世界介紹你們的事業。所以，請你們多跟我談談你們自己。」羅生特總是這樣對他能見到的新四軍的主要領導人說。他向他們

索要個人傳記材料，還採訪他們。這些人中，包括劉少奇、陳毅、張雲逸、羅炳輝、彭雪楓、黃克誠、賴傳珠、譚震林等人。他的採訪札記，後來成了研究中國共產黨抗戰歷史的珍貴史料。

有一年，羅生特駐地暴雨成災，把一條大河的圍堤衝決了一道十幾丈的口子，羅生特和戰士們一起跳入滾滾的洪流之中，用身體組成人牆，堵住了決口，使方圓十幾里的生命財產轉危為安。

一九九九年，在以色列舉辦了「一個維也納醫生在中國的經歷：羅生特的故事」展覽會。這是展覽會開幕式請柬。

羅榮桓還回憶了羅生特對女人的態度和行為：「羅生特在中國住久了，很了解中國人的習慣和道德風尚。凡來求醫的女性，他都首先問一下病人的婚姻狀況，未結婚的，他一般不給作檢查，非要檢查的，他都要求助手在場。」

有堅定的信念、有一身高明的醫術、有一隻充滿激情的文筆、有一副美妙的歌喉、有捨己為人的高尚行為，大鼻子羅生特不但成了男人們心目中的英雄，也自然成了無數女人的崇拜對象。

給羅生特介紹女朋友的人從一排人增加到了一連人，但他都婉言謝絕了。「我在自己的國家有女朋友，以後我會回去找她。就算我沒有女朋友，我是外國人，將來打敗法西斯，羅生特也要回祖國。如果羅生特和誰結了婚，帶回國，語言不通，生活習慣也不一樣；如果不帶，這就對不住這位女同志了。」這樣的話，他重複了不知多少次。

陳毅向羅生特「道歉」

「這支槍是比利時一九〇一年造的，我是一九〇一年出生的，所以我特別珍愛它，現在，我把它送給你留作紀念。」一天，羅生特到陳毅家做客，主人把心愛的馬牌手槍送給了他。羅生特高興得把手槍從右手放進左手，又從左手放回右手。

羅生特和陳毅一見如故。陳毅性情豪爽，喜歡寫詩，是共產黨中不多的文化型高級將領；羅生特

醫技高明，有政治熱情，為人誠直。

在羅生特的要求下，陳毅和另一位共產黨員，作為介紹人，介紹羅生特成為中國共產黨的特別黨員。

但是，這位軍長和神醫之間的友誼卻因為一件事差點斷送。

「寡情薄義、寡情薄義！」羅生特一邊接生，一邊大聲地自言自語。那天，陳毅的妻子張茜分娩，陳毅卻沒有從前線趕回來守在身邊。作為特別重視家庭和母親的猶太人，羅生特認為，連自己妻子生小孩這麼大的一件事都不在乎，只管他的軍隊、不愛護自己的妻子的人，不可交。

發現羅生特對陳毅十分不滿，張茜讓身邊的人拿出陳毅為她寫的一首情詩，讓翻譯譯給他聽，羅生特的身邊的中國朋友也反覆解釋，陳毅是為了指揮新四軍抗擊敵人才不得不這樣做。過了很久，羅生特才消除了心中的不滿。

後來，陳毅還為自己的「寡情薄義」當面向羅生特道了歉。

羅生特不會想到，數十年後，他接生的這個嬰兒——陳毅的兒子陳昊蘇，成為中華人民共和國「中國人民對外友好協會」會長，並在二〇〇六年一月六日，為羅生特在哈爾濱道裡區猶太新會堂的銅像揭了幕。

這一年的十月三日，陳昊蘇還在維也納出席了以羅生特名字命名的公園的揭幕儀式，參加了維也

從左至右：劉少奇、
羅生特、陳毅，一九
四一年四月攝於蘇北。

納魯道夫醫院羅生特紀念碑的剪綵儀式。那塊紀念
碑上銘刻著：「紀念偉大的中國醫生和人道主義者
羅生特（1903-1952），他曾在維也納和中國生活，
並在魯道夫醫院度過了重要的歲月。」

　　陳昊蘇說，在中國人民最困難的時候，羅生特
醫生給了我們極大的幫助，中國人民不會忘記他。

漢白玉全身塑像

　　一九四七年三月，羅生特被任命為東北民主聯
軍第一縱隊衛生部部長。這是戰爭年代中國共產黨
軍隊歷史上，外國人擔任的最高的實際領導職務。

　　一九四九年二月，共產黨領導下的新中國即將

在北京成立。羅生特來到北京。他遊覽了這座古老都城的故宮、頤和園、北海公園，他參觀了北京大學、清華大學和協和醫院。在協和醫院，專家們為羅生特做了一次身體檢查：他患有高血壓、冠心病、主動脈硬化性心臟病並有陳舊性心肌梗塞。其實，他早就知道自己身體情況不好，但戰爭和職責讓他無暇顧及。

但這次體檢，讓他作出了回國尋找失散的母親、哥哥、妹妹和女朋友的決定。

臨行前，羅榮桓送給他一塊懷錶做留念。

羅生特特意去上海看望陳毅。已擔任上海市市長的陳毅看到他時分外激動，兩個人緊緊擁抱在一起。陳毅特意為他定做了一套西服。在餞行宴會上，陳毅向羅生特頒發了中德文對照的榮譽證書。

一九四九年十一月底，羅生特到達奧地利。見到朝思暮想的妹妹和哥哥時他才知道，他最愛的母親早已慘死在納粹集中營的焚屍爐中。兩年後的八月，羅生特前往以色列看望定居在那裡的弟弟約瑟夫，當年，就是這個弟弟和他一同逃難到上海。

一九五二年四月，心肌梗塞在以色列奪走了羅生特四十九歲的生命。

中國人沒有忘記這位把一生中最寶貴的時間全部獻給中國人民的外國人。羅生特曾經工作過多年的山東省莒南縣，建立了面積一百七十多平方米的「國際主義戰士羅生特事蹟陳列館」。二〇〇〇年以來，瞻仰參觀的人數超過了十五萬。

今天在山東莒南縣和奧地利各有一所以羅生特名字命名的醫院。

二〇一三年，中國拍攝了數字電影《羅生特醫生》。

中以建交後，訪問以色列的中國代表團都要去位於特拉維夫拉馬特干的羅生特墓獻花。

在羅生特工作和生活時間最長的中國山東省莒南縣，人們還為他豎起了一尊四米高的漢白玉全身塑像。漢白玉質地堅硬、潔白，內含閃光的晶體。兩千多年來，中國人多用它雕刻佛像。

何北劍　編寫

「不是天使，是上帝！」

哭牆

在耶路撒冷的「國際義人」園區，一棵銘刻著「何鳳山」的小樹迎風而立，寧靜而肅穆。大屠殺紀念館，何鳳山的紀念碑靜靜地對著遠處那道聞名世界的哭牆。

陽光在哭牆上耀眼地停留著，彷彿是歷史的目光。那些巨大的、不規則的石塊既反射著陽光的熱量，又把一種神聖植入它面前那些男女老少的心中。

西元前五八六年，以色列的聖殿被毀掉了，那以後，重建的聖殿再一次被毀掉。曾經的聖殿的西側擋土牆成了哭牆。幾個世紀以來，它一直都是猶太人最尊崇的地點。「那座神聖輝煌的聖殿已經被燒燬，我們最寶貴的財產已淪為廢墟」──廣受

耶路撒冷哭牆

尊敬的拉比們說：「面對著這座牆，吟誦先知以賽亞的這些古老的話語，朝聖者們的心中，積滿痛苦和哀悼。」

千百年來，這道神聖的哭牆接待了數不清的猶太祈禱和哀悼者。第二次世界大戰結束後，倖存的猶太人的祈禱和哀悼，更讓它成為精神和情感的聚焦點。當然，它也一定聽到過這樣一個名字——何鳳山。是的，這是一個中國人。不遠處，他的紀念碑下，也有人在祈禱和哀悼。

「水晶之夜」

一九三五年一月十三日，根據《凡爾賽條約》的規定，經過公投，被第一次世界大戰戰勝國聯盟「國際聯盟」控制了十五年的薩爾區回歸了德國。接著，德國納粹黨領袖阿道夫‧希特勒邁出了擴張德國版圖的第一步——向奧地利施壓，要求奧地利政府承認奧地利納粹黨的合法地位，甚至讓納粹黨參與奧地利的政府事務，後來又進一步要求把權力交給奧國納粹黨。

到了一九三八年三月十一日，奧國納粹黨發動政變，推翻了奧地利的共和政府。隨後，德國國防軍的坦克開進了奧地利首府。讓德國人也沒有想到的是，他們的進攻不但沒有遇到任何抵抗，甚至還受到了揮動納粹旗幟的奧地利居民的夾道歡迎。

二十世紀三〇年代，許多猶太裔波蘭人居住在

德國。一九三八年十月二十八日午夜時分，近兩萬名猶太人在事前全無準備的情況下，被德國政府驅逐到波蘭境內，而波蘭政府卻拒絕收容他們。

在這些猶太人中，有一個人寫信把這一可怕的經歷告訴了他在法國讀書的兒子赫舍‧格林斯潘（Herschel Grynszpan）。

這位猶太裔德國青年立刻心急如焚地求助德國駐巴黎大使館秘書恩斯特‧馮‧拉特（Ernst vom Rath）。但是，拉特顯然沒有要幫忙的意思。

一九三八年十一月七日，格林斯潘把槍口對準了拉特。隨著一聲槍響，拉特的胃部遭到了嚴重的破壞。兩天之後，拉特在醫院死亡。

格林斯潘的暗殺，讓德國終於找到了對猶太人採取暴力行動的藉口。

早在一九三三年一月，希特勒剛剛上台，納粹德國就開始號召人們不要到猶太人的商店買東西，接著禁止猶太人當公務員、行醫、從事司法，還不許猶太人進入浴室、音樂廳和展覽館。

一九三五年九月十五日，希特勒在納粹黨代表大會上宣佈了新的法律。新法律規定，猶太人為沒有選舉權和被選舉權的「國家居民」。新法律嚴禁德國人與猶太人通婚，禁止猶太人家庭僱傭四十五歲以下的德國婦女，甚至不許猶太人使用德國國旗和象徵德國的顏色。

就在特‧馮‧拉特死亡的當天──一九三八年十一月九日，身穿黃色、黑色制服的德國和奧地利

納粹黨員和黨衛隊，襲擊了德國和奧地利全境的猶太人。

這個夜晚，德國和被合併的奧地利全境，許多猶太商店的窗戶被打破，街道上，千百萬塊碎玻璃在月光的照射下，發出水晶般的光芒。德國納粹用恐怖的目光盯牢全歐洲的猶太人。

據事後統計，這場看上去像民間自發、實際上是德國政府策劃的攻擊，讓一千五百七十四間猶太教堂（大約是全德國所有的猶太教堂）、超過七千間猶太商店、二十九間百貨公司等遭到縱火或損毀。而在奧地利，九十四間位於維也納的猶太教堂也遭到破壞。

德意志保險公司的代表希爾加德說，僅玻璃的損失就有六百萬馬克。要彌補這項損失，比利時全國玻璃工業要生產半年。

超過三萬名猶太男性在自己家裡被捕，被押往達豪、布痕瓦爾德和薩克森豪森集中營。儘管他們中的多數人在三個月內就獲得了釋放，但他們必須離開德國；據估計，死於集中營的，大約有二千至二千五百人。甚至，有幾個非猶太的德國人錯被當作猶太人而遇難。

在這次事件以後，大約有一萬個孩子被迫離開父母和家庭，多數去了英國；後來只有約一千人能再與父母重聚。

有歷史學家認為，「水晶之夜」後，任何有組織的猶太人的生活已不可能。既然猶太人被剝奪了

水晶之夜

猶太難民登上卡車

作為人的生存權利，那麼把他們從肉體上消滅就只是時間問題了。

就在一把滴血的利劍高懸在德國和奧地利猶太人的頭上時，一位三十七歲的中國人來到了奧地利首都維也納。

中國外交官何鳳山

一九三八年五月，中國政府駐奧地利維也納總

領事何鳳山上任。

一九〇一年九月，何鳳山出生在中國湖南省益陽縣的一個農民家庭。一九二六年從長沙雅禮大學畢業後，考取政府公費，赴德國明興（慕尼黑）大學深造，一九三二年獲得經濟學博士學位。第二年何鳳山回到湖南，在省政府任秘書。這一年，他代表湖南省參加了美國芝加哥建市一百週年紀念展覽會。這個機會促使他繼續到芝加哥大學研習國際公法。

在中國的傳統觀念中，好男兒要「頂天立地」，而支撐這一高度的，是「仁」和「義」。仁，就是人和人之間相互親愛；義，就是只做公正、合理的事情。

何鳳山給一兒一女起的名字分另是「曼德」和「曼禮」，「德」和「禮」這兩字中浸潤的中國式精神內涵，既是作為父親的他對兒女的要求，也是他自己一生的行動和追求。

在中國文化中，德，就是不違背自然地去發展自然、社會和事業；而禮，就遵守道德的規範和禮義。何鳳山在自己晚年出版的回憶錄《我的外交生涯 40 年》中寫道：「富有同情心，願意幫助別人是很自然的事。從人性的角度看，這也是應該做的。」

一九三五年，何鳳山步入外交界，出任駐土耳其公使二等秘書。赴任前，湖南省主席何健為他餞行，何健囑咐他說：「大丈夫志在四方，你去外交界，可能將來對國家的貢獻會更大，好自為之！」

何鳳山博士，一九三八至一九四〇年任中國駐奧地利維也納總領事，是最早以發簽證方式救助猶太難民的外交官之一。

說完，又讓人取來紙筆，為何鳳山書寫了一幅對聯：「行無不可對天之事；思必有益於世乃言。」對聯的大意是，做人要講天地良心，做事要做有用之事。這副對聯跟隨了何鳳山一生，一直懸掛在他的客廳裡。

和猶太人的友誼

藍天白雲，湖光山色，這不知迷倒了多少名流雅士的奧地利美景，一樣迷倒了何鳳山。

但是，最讓何鳳山動心的，還是維也納的白克三姐妹。白克是維也納大學博士，丈夫是奧地利教育部督學，白克的大姐是企業家，二姐是影星。她們高貴的氣質、優雅的風度、對共同話題的真知灼見，尤其是他們對中國歷史和哲學表現出的濃厚興趣，都讓年輕的、遠離祖國的何鳳山迷戀、快樂和自豪。

何鳳山經常應三姐妹的邀請前去度週末。很快，何鳳山就和她們結下了友誼。

何鳳山的兒子何曼德當時十多歲，聰明懂事。他的東方面孔和好奇、好學精神尤其讓白克三姐妹疼愛。而何曼德也非常喜歡這幾位洋阿姨，她們的博學、優雅、尤其是認真的人生態度，在他幼小的心靈留下很深的烙印。這些精神養料，對他的人生產生了決定性的影響。何曼德後來先後考入清華大學和哈佛大學，成為諾貝爾獎得主約翰‧恩德斯教

授的得意門生，並且日後成了世界「干擾素」研究的先驅者之一。

白克姐妹對何曼德的喜愛和引導，讓何鳳山感激至深。他在自己的回憶錄中說：「曼德此時所受教育及指導，可以說影響了他的一生，至今記憶猶新。」

而對何鳳山人生衝擊最大的，也正是白克姐妹的命運。

白克三姐妹和她們的家庭都遭到了迫害。因為捨不得低價出賣工廠，白克的大姐被納粹殺害，而根本的原因，其實是她身上有四分之一的猶太血統。

何鳳山在自己的回憶錄《我的外交生涯四十年》中寫道：「自從奧地利被德國兼併後，惡魔希特勒對猶太人的迫害便變本加厲，奧地利猶太人的命運非常悲慘。」

生命簽證

二十世紀三〇年代中葉，大約有十八萬猶太人居住在奧地利。一九三八年三月，納粹德國吞併奧地利。不到一個月，這個歐洲第三大猶太人居住地的第一批猶太人就被送進了集中營。

當時，對猶太人的「最終解決方案」還沒有出台。

納粹當局發出指令，只要猶太人馬上離開奧地

利，就可被釋放。想去美國的猶太人面對的，是「對奧移民名額已滿」的鐵門；想到巴勒斯坦的猶太人面對的，是巴勒斯坦的實際控制國英國政府設置的無數道高牆。到了一九三八年七月十三日，法國埃維昂會議三十二個與會國，只有一兩個拉美小國同意收容猶太難民。

奧地利的猶太人心急如焚。一位奧地利猶太倖存者描述了當時的心態：「簽證！我們每時每刻都生活在有關簽證的消息中，我們醒來，就被簽證問題纏繞。我們時時刻刻在談這個問題……我們能去哪裡？白天，我們努力獲得必要的證件、意見、印戳。晚上，在床上，我們做夢，夢裡是長長的隊伍，官員！簽證！簽證！」

當年十七歲的艾立克·哥特斯塔伯一連幾個月，跑了五十多個總領館，但無不失望而歸。

一九三八年七月二十日，這天對艾立克·哥特斯塔伯來說，是掰開死神的雙手回到人間的日子。那天，他不抱任何希望、慣性地拖著沉重的腳步走進中國總領館。他驚呆了：夜漆黑，但他看到了太

陽──在這裡，一位年輕的中國人，一口氣就為他自己和他的家人辦妥了十一份前往中國上海的簽證。那位中國人像為自己做事情一樣，為他這個素昧平生的、就要被碾成粉塵的低等人做事情的情形，永遠地留在了艾立克‧哥特斯塔伯的心裡。他成功逃離了維也納。

這位為猶太人簽證的年輕人就是何鳳山。

任何人只要提出申請，就能在中國總領館得到簽證。消息傳開後，中國總領館前每天都排起了長龍。

何鳳山在《我的外交生涯四十年》中寫道：「我採用一切可能的方式，全力幫助猶太人，大量猶太人因此得以活了下來。」事實上，很多後來在中國歷史上著名的猶太人如羅生特都是從何鳳山手中得到的簽證。

何鳳山的學生劉冠初曾經回憶說，何鳳山親口告訴他，為了方便猶太人申辦簽證，他甚至專門派了一位領事在總領館後面小巷的酒吧內接待並幫助猶太人辦理簽證，最忙的時候，一天辦了幾十份。

　　伯納德當時六歲，他的父親莫里斯是維也納銀行職員。反猶暴行爆發後，納粹黨徒破門而入，把他家裡洗劫一空，還把莫里斯送到了達豪集中營。母親史特拉就是憑藉剛剛拿到的中國簽證，把丈夫從死神的手裡拉了回來。隨後，他們一家三人到了上海。

　　加拿大克勞斯女士回憶：當年，她的丈夫在中國領事館外排隊等候時，見總領事的車經過大門，就從車窗把簽證申請表扔了進去。結果，很快就接到電話通知，拿到了救命的簽證。

抵達上海的猶太難民正在進餐

格林伯特是維也納愛樂樂團的首席小提琴演奏家。早年他隨父母來到上海。在上海接受了音樂啟蒙，學習拉小提琴。說起這段往事，小提琴家感慨萬千，自己的生命與事業，全都是拜何鳳山博士義舉所賜。

一天，何鳳山約定為就要逃離的駐維也納美孚石油公司經理羅森堡一家人送行。沒想到這天所有奧地利的猶太人都遭到了軟禁。羅森堡打電話暗示何鳳山不要前來。但何鳳山沒有停下腳步。到達羅森堡家時，羅森堡已被納粹帶走。何鳳山立刻走到兩個蓋世太保面前，「我是中國政府駐維也納的總領事。羅森堡先生早兩天就辦理了中國簽證，他的合法權益受中國保護。我請你們停止抄家，釋放羅森堡，」他說。不久，羅森堡就獲得了釋放。為防止意外，何鳳山用總領事館的汽車親自把羅森堡一家人送出了維也納。

因為何鳳山的簽字蓋章而獲得生命的猶太人，都說何鳳山發放的，是「生命簽證」。

「二戰」期間，有多少猶太人死亡？紐倫堡國際法庭根據世界猶太人人會數據計算出的數字為五百七十二萬一千八百人。負責搜捕和消滅猶太人的黨衛隊一級突擊隊長艾希曼在一九四四年八月的一次談話中說，死於滅絕營的人數有四百萬，被用其他方式解決的有二百萬。一九四三年三月，德國保安總局一個專門負責向希姆萊報告猶太人居民情況的統計員科爾赫爾在一份報告上說，到那時為止，

猶太人死亡人數達到四百五十萬。

　　有報導說，德國和奧地利的三十三萬猶太人，到「二戰」後，僅有四萬人活了下來。

　　從一九三八年就任駐維也納總領事，到一九四〇年五月離職，何鳳山到底簽發了多少張「生命簽證」直到今天也還難以考證，但猶太人倖存者們的一些護照原件提供了參照：一九三八年六月時，簽證號為二百多號，到一九三八年七月二十日時，簽證號已超過一千二百號。而何鳳山一九四〇年五月才離職，離職前從沒停簽過簽證。這樣算下來，何鳳山任維也納總領事期間發放了數千個「生命簽證」。

　　當然，當時，中國的大部分地區包括猶太人願意去的上海都已經被日本侵占，只有簽發上海簽證權的何鳳山也知道自己發放的只是「名義上」的簽證，但是，他更知道，這名義上的簽證，完全可以作為猶太人移民國外的證明，絕對是他們逃離死神的護身符。許多人憑著前往上海的名義簽證，最終逃往了美國、加拿大、南美洲、巴勒斯坦、菲律賓、古巴等地。

　　歐洲歷史學家們多數認為，何鳳山是最早以發放簽證的方式救助猶太人的外交官。

　　在幫助猶太人方面，眾多外國總領事中只有中國總領事何鳳山最積極主動。他不僅公開與猶太人保持來往，而且還提供一切力所能及的保護。這讓納粹惱火。他們以中國總領館租用猶太人房子為由，強行沒收了中國駐奧地利總領事館的房產。但

上海河濱大樓在一九三八年曾作為猶太難民接待站

何鳳山把領事館搬到了城市公園旁邊一所公寓裡。外交部不給租借費用，何鳳山就自掏腰包，還是簽證不停。

中國駐德大使陳介得知這一情況後，立刻從柏林給何鳳山掛長途電話，命令他「大幅壓縮對猶太人發放簽證」。此時，正是納粹屠殺猶太人的高峰期，每天都有幾百猶太人被殺害，近千人被送進集中營。何鳳山一面回覆「等待進一步指示」一面加快發放簽證。

不久，又有人匯報：「何鳳山出賣簽證、貪贓枉法。」何鳳山回覆陳介說：「既然只要申請，皆可以得到簽證，人家何須花錢賄買？」

不久，何鳳山還是被外交部記過並調離維也納

回國。

　　一九七三年，外交生涯長達四十年的何鳳山退休，在美國舊金山市定居二十多年，直到一九九七年九月二十八日離世。

沉默者

　　世界上看過《辛德勒的名單》這部電影的人太多，這讓辛德勒在「二戰」期間營救猶太人的故事家喻戶曉。但中國人更為他們的外交官何鳳山驕傲。他是最早通過發簽證的方式幫助猶太難民逃脫納粹大屠殺的外交官之一，而且，他從來沒有因此而四處張揚。

　　一九九七年九月二十八日，九十六歲的何鳳山在美國舊金山去世。在《波士頓環球報》當過記者的女兒何曼禮為父親寫了一個訃告刊登在這家報紙上。訃告中提到了曾在維也納任總領事的何鳳山為猶太人發過大量簽證的事。訃告刊出後不久的一天，何曼禮接到一位素不相識的猶太裔歷史學家艾立克的電話，他向她詢問何鳳山向猶太人發放簽證的事。於是，何曼禮告訴他，父親晚年出版了一本回憶錄，這本名為《我的外交生涯四十年》的回憶錄，提到過此事，但也只有不到一個段落的筆墨。何曼禮提供的訊息引起了猶太研究組織 Visa for Life 的高度關注，在何曼禮的協助下，Visa for Life 與中國上海的猶太研究中心共同收集資料，一九九九

在上海港碼頭上迎候
猶太難民的人群

年，在溫哥華召開的猶太人國際研討會上，正式向
世界公佈了何鳳山的事蹟，世界各大媒體紛紛予以
報導。

二〇〇〇年二月十八日，中國《人民日報》駐
瑞典記者章念生在斯德哥爾摩採訪了艾立克。艾立
克說，兩年前，在猶太人圈子裡，沒人知道何鳳山
博士的名字。而現在，他接觸到的幾乎每一個猶太

人，都在講述著何博士的故事。因為經過發掘才知道，在世界上最有權勢的猶太人中，很多人的父母都是被何鳳山救的，其中包括現任全世界猶太人大會秘書長伊斯雷爾‧辛格。這位美國著名的億萬富翁曾含著淚水對艾立克說：「我的父母是何鳳山博士救的，他是一位真正的英雄。我一定要把他介紹給全世界的人。」

艾立克說，「就像辛德勒一樣，何博士的故事將會被越來越多的人所知曉，他將成為一個讓中國人驕傲的名字。他不僅是中國人的英雄，也是我們猶太人、西方人的英雄。」

「國際義人」

歷史總是被人類穿越著，正是這樣，很多事情才有了更深刻的意義。

對於世界上的絕大多數人來說，何鳳山來得默默無聞，去得更是默默無聞，但是對於世界上很少的一部分人來說，他來得像卻救世主；而對人類的這段歷史來說，他的來去無不轟轟烈烈。

二〇〇〇年，何鳳山被以色列政府授予「國際正義人士」稱號。這是以色列為救助過猶太人的國際人士頒發的最高獎。

二〇〇八年五月二十一日下午，在美國首都華盛頓，國會參議院拉塞爾辦公樓大廳中，一個以「鳳」字為主題的何鳳山生平事蹟圖片展吸引了眾

二〇〇四年二月十九日，以色列學生代表拉米（左）在位於耶路撒冷的何鳳山義舉紀念碑前向何鳳山的女兒何曼禮（右）致感謝辭。

多美國國會議員和政府工作人員。那些衣著得體、舉止有度的先生女士們，面對照片，或駐足凝視，或小聲讚歎。這是美國海外遺產保護委員會為何鳳山舉行的紀念活動。

美國保存海外遺產委員會的成員戈德說：「何鳳山從來不求名，不要求得到別人認同，不尋求賠償。他的能力和個性促使他把人類的需要放在第一位。」

二〇〇八年十一月六日，何鳳山紀念牌揭幕儀式在奧地利首都維也納舉行。出席紀念儀式的人來自以色列、中國、美國和奧地利……儀式就在維也

納市中心當年中國領事部所在建築物門前舉行。兩塊銅製的紀念牌上，分別用德文和英文記錄著何鳳山當年的事蹟。

二○○一年，聯合國總部舉辦了名為《生命簽證：正義與高貴的外交官》的紀念展。這次紀念展上，展出了「二戰」期間，各國外交官拯救猶太難民的英勇事蹟。何鳳山的照片被放置在正中央。

在耶路撒冷舉行的「國際義人——何鳳山先生」紀念碑揭碑儀式上，以色列總理沙龍在紀念碑前說：「他，不是英雄，也不是天使，他是上帝！」

益陽和耶路撒冷的紀念碑

「希望百年之後魂歸故里，長眠在家鄉的土地上。」這是何鳳山病逝前的唯一願望。二○○七年九月二十五日，何鳳山骨灰被兒女們運回湖南老家安葬。湖南益陽會龍山公園，何鳳山的墓碑在翠竹松柏掩映下顯得古樸、莊嚴。在黑色的大理石墓碑上，刻著何鳳山的詩句：「大造生才非偶然，英雄立志豈徒然。而今願集精與力，萬里前程猛著鞭。」

揭碑儀式結束後，以色列駐華大使安泰毅代表以政府正式授予何鳳山以色列國「榮譽公民」稱號。安泰毅雙手將一捧鮮豔的黃菊花輕輕地放在何鳳山墓前。低頭默哀。「是你的義舉點亮了人性的

二○○七年九月二十八日，何鳳山博士紀念墓地在湖南省益陽市落成揭碑。時任以色列駐華大使安泰毅在紀念墓地落成揭碑儀式上獻花籃。

光輝，劃破了納粹時代的黑暗。」他說：「我們有一句名言：救人一命就像拯救了一個世界。而何博士救了數千人，其義薄雲天之舉足以讓猶太人世代緬懷。」

《當代長篇小說選刊》二〇一三年第五期，收錄了《遠東來信》。這部講述第二次世界大戰期間，一名猶太男孩流落中國的經歷。有人讚譽《遠東來信》是中國版的《辛德勒名單》。

作者張新科說：「這本三十五萬字的書，從準備到完成，用了十八年。」一九九五年，留學德國的張新科常常被國外同學冷嘲熱諷。「第二次世界大戰中，中國人是在為自己而戰，對於其他國家民族沒有幫助。中國人缺少『國際情懷』。」不久，

張新科坐火車從漢堡前往柏林時，在當地德文報紙上，看到了何鳳山向數千猶太人發放簽證的故事。這啟發他創作了《遠東來信》。

猶太民族最著名的典籍《塔木德》認為，善行最重要，並且要求人們用行動體現美德。《塔木德》中記載了這樣一個故事：有一天，國王召喚一名男子去皇宮。這名男子有三個朋友。其中一個是他的「莫逆之交」；另一個他雖然喜歡，但比不上前一個；第三個比起前兩個就疏遠多了。國王的召見讓這位男子心生恐懼，他猜測也許是自己做了違法之事，就決定邀請三位朋友和他一同進宮。他第一個想到的就是那位密友，但是密友斷然拒絕他。於是他找他喜歡的第二位朋友，得到的回答是：「我可以送你到皇宮門口。」最後，他失望地去了第三位朋友的家，沒想到的是，這位朋友立刻就同意陪他進宮。為什麼三位朋友有三種不同的態度呢？《塔木德》認為，第一位朋友是「金錢」，人心儘管貪財，但生不帶來，死不帶去；第二位朋友是親朋，只能將他送到火葬場，然後便棄之不顧；第三位朋友是「善行」，雖然平常不太密切，但只有它才會在他死後伴他永眠。

一位猶太倖存者在奧地利首都維也納的何鳳山紀念牌揭幕儀式上說：「有些人雖然早已不在人間，但這些人是月黑之夜的星光，為人類照亮了前程！」

在聯合國總部舉辦的《生命簽證：正義與高貴

的外交官》紀念展現場，一位猶太女子在陳列的父親的簽證前，緊緊擁抱何鳳山的女兒何曼禮。她說：「看見你，我好像看見了我的父親。」

以色列前駐華大使海逸達說：「中華民族的古老文化接納了猶太人。深入人心的中國儒家、道家文化使仁愛、互助超越了民族和宗教的界限。」

二〇〇一年，以色列政府在以色列民族的聖牆所在地耶路撒冷為何鳳山建立了紀念碑，碑上刻著「永遠不能忘記的中國人」。

陽光長久在停留在聖牆和紀念碑上，紀念碑和聖牆也長久地反射著太陽的光芒。

何北劍 編寫

他讓昨日重現

「花花公子」

「我曾是個優雅而快樂的年輕人，這就是我總是被人簇擁的原因。你看這張照片，我那時候很漂亮，不是嗎？而且又很有才幹。我一生都在尋覓我內心的幸福。我所尋求的是內心的滿足，還有愛。」他說。

說這話的人已經辭世。他的名字叫希約馬·里夫希茲（Sioma Lifshitz），也叫沈石蒂。

「希約馬活得根本不像一個七十歲的人，」羅莎麗亞說，「他的表現就像是二十五歲。錢財引不起他的興趣。他是個性情中人，情感豐富，對各類事務都留有深刻印象。他會突然想要攝影，突然要寫詩，突然又想跳舞——於是他就真的跳起舞來。

就算是洗碗他也洗得津津有味。他愛著我，就好像我是個嬰兒一般地愛著我……」他在世的時候，他的妻子就這樣評價他。

摩西是他的繼子。摩西說：「他一直那麼樂觀，就像一個孩子，我們一同度過了那麼多美好的時光。我對他懷有深深的感激之情。因為他，我現在也成了（以色列）國內數一數二的珠寶攝影家。」

有白天就會有黑夜。一九八六年，希約馬·里夫希茲在以色列走完了八十四歲的人生。在他生命的最後日子裡，妻子羅莎麗亞和繼子摩西一直陪在他身邊，尤其是羅莎麗亞，總是把他冰涼的手放在自己溫暖的手心裡輕輕撫慰。這雖然不能平息最終奪走他生命的嚴重的哮喘，卻也讓他沒有了孤單、無助的感覺。不過，所有這一切，都不能阻止他的遠離，那是一種節日焰火從燦爛到被黑夜淹沒的過程。儘管他也知道，那是一種必然，但焰火的流光

溢彩，又怎能不讓人忘乎所以呢？

　　應該說，作為攝影師，猶太人希約馬・里夫希茲的生命和生活的焰火，都是在中國的上海綻放的。他曾和記者說起他的上海人生，毫不掩飾內心的幸福和快樂：「我的人會去所有地方，到所有場合。我們拍過船隻、工廠、宮殿、劇院、夜總會；拍過貴族、演員、水手、士兵。我擁有新聞攝影部、商業攝影部和藝術攝影部。一切都管理得井井有條，所以我有大把的時間去娛樂，我享受著人生的樂趣。我到處撒錢，存不下一點點積蓄。那個時候是二十世紀三十年代，我就有三輛汽車，每輛都有專職司機。我有兩套公寓，還有很多女朋友。我有過很多的愛！美妙的愛！我曾是那種上海的花花公子。」

　　在上海，希約馬・里夫希茲有個中國名字──沈石蒂。

兩萬張照片

　　二〇一三年二月一日，中國新聞社發佈消息說：「上世紀的一九二二年到一九五五年間，猶太攝影師沈石蒂在上海拍攝了超過七百幅各個階層的人物肖像。這些照片日前被結集成冊，並在沈石蒂工作室舊址前舉行了首發儀式。儀式後召開了座談會，在老照片中找到自己的人，也來到現場並參加了座談會。

消息說，這本畫冊名為《瞬間永恆：沈石蒂攝上海華洋人物舊影》，分為孩童篇、淑女篇、紳士篇和合影篇。附錄中還收錄了他的生活照、工作場景照、外景照等，並附上了各地媒體的報導。

這些照片只是沈石蒂帶回以色列的兩萬多張照片中的一小部分。

畫冊出版方說，這批老照片中，外國人大約占55%，中國人大約45%，其中又以女性為多，約占65%。鏡頭中的孩童天真可愛，淑女婉約美豔，紳士優雅自信，將軍英武挺拔。從能夠確定的人物身分看，他們中既有普通的上海市民，也有高級白領、電影明星、成功的企業家、政府官員和外交人士。

首發式上，以色列駐上海總領事艾雅克說，在二戰時期，對遭到納粹迫害的猶太人來說，上海也許稱得上是全球最溫暖、最寬容的地方。

一九二二年到一九五七年，沈石蒂在上海拍攝的大獲成功的照片，不但照亮了他作為難民的逃亡生活，讓他享受到了那個年代中國乃至世界上所有國家的人們所能想像的最好的生活，也讓這個時期的上海，有了一份特殊的美好回憶，更讓這個時期的中國歷史有了定格的一頁。

一九五七年，沈石蒂離開上海，移民以色列。在那以後的幾十年中，五光十色的上海總是走進他的夢裡。這是一種快樂，但也是一種折磨。重回中國、重回上海，成了沈石蒂唯一的願望。

二〇一一年，摩西專程拜訪了到以色列訪問的上海猶太研究中心潘光教授，並向潘教授展示了繼父的一些攝影作品。在潘教授的建議下，摩西從作品中精選了兩百餘張，刻錄成光盤，寄給了以色列駐上海總領事館。

二〇一一年十月二十四日，以色列駐上海總領事館官方微博發佈了一條微博：「今天開始我們會陸續放上一些老照片，所有照片都是上世紀二〇年代上海南京路上的一個猶太攝影師 Sam Sanzetti 所拍攝的。因為年代久遠，照片上的人物的名字都沒有被記錄下來。如果你看到照片上有你認識的人，或許就是你的祖父、祖母，請讓我們知道。」

在媒體見面會上，以色列駐上海總領事館副總

二〇一二年六月十一日，上海，「上海方舟：以色列攝影大師沈石蒂老上海人像展」正式開幕。以色列駐上海總領事艾雅克致辭。

領事羅松泊指著老照片說：「中國有句俗語：眼見為實。猶太人也有句俗語：眼見好過耳聞。這些照片就是中國人民和猶太人友誼根深柢固的最好見證。我們要為這些照片辦個展覽，並將它們歸還給上海。」

這本畫冊，就是這那次網上展示和線下展覽的一個彙總。

櫥窗內外

照片不但能講述自己的故事，還能講述照片背後的故事。

以色列駐上海總領事館在官方微博上開始發布沈石蒂在上海拍攝的老照片一天半後，有細心的記者就發現，每幅照片下都有大量的跟帖，其中，一幅女子半身肖像照已經被轉發了三千九百多次，評論也多達一千多條。

「從發黃的相紙、滄桑的車輛、英文的招牌、行走的路人能窺見上個世紀二〇年代上海的繁華；紅指甲的美婦、英氣逼人的青年、朗目紅腮的少年，讓人遙想上海灘當年的時尚。」一位名叫「真不在乎」的網友評論說。名叫「翠影紅霞」的網友留言說：「百年前的魅力，說不出的風情，怎樣的繁華怎樣的光陰？我公公婆婆的結婚照在回香港的火車上和行李一起被偷。看到這些相片更加懷念他們。」也有網友建議在台灣、香港也同樣發佈這

些照片，「照片的主人也可能會在那裡，看到了，也會有美好回憶」。

「他為我們拍的照片我們一直保存到現在」，老照片中的人物之一——八十一歲的曹莉貞和她八十二歲的丈夫陳立善出席了《瞬間永恆：沈石蒂攝上海華洋人物舊影》畫冊首發儀式和座談會。

一九五四年，陳立善二十五歲，在一家紡織廠當技術員。當時，他希望白天只有一個小時，其他的時候都是晚上，他能挽著她的胳膊在邁爾希愛路（Route Cardinal Mercier，今茂名路）散步。他的她叫曹莉貞，二十四歲，在一所學校當數學老師。邁爾希愛路上的店鋪處處是「風景」，但「沈石蒂攝影作室」卻是他們的最愛。

陳立善高中讀的是上海中學，是當時上海最好的學校之一。五十七年後的今天，他還能說一口流利的英文。「在中學時，學校除了中文、歷史和地理，其他科目都是用英文教授的，」陳立善說。每當沈石蒂攝影工作室櫥窗裡換上新照片，這兩位知識分子都要停下腳步看上一會兒，品評一番。「Very classical（很經典），」他們最後決定，「拍訂婚照就選這家！」

拍照那天，曹莉貞穿了件綠色印花旗袍，陳立善西裝筆挺，兩手背著，站在她的身後。「我們只是拍一張訂婚照，但沈石蒂請我們都單獨拍了幾張，」陳立善說：「他很仔細，花了很長時間。他像導演一樣，讓我拿著手帕。」

老照片主人陳立善、曹莉貞展示二人在畫冊上的照片。

「過了幾天，還沒到取照片的日子，我路過他的工作室，讓我大吃一驚：我的照片在櫥窗裡！我馬上進去管他要，但沈石蒂不肯給，他說『這張照片太美了，一定要在櫥窗裡多展示些時候才對得起你自己。』」曹莉貞回憶說，「沈石蒂不是個讓人討厭的人，那時我們也年輕，對在櫥窗裡展示也沒有特別的反感。」

　　讓曹莉貞和陳立善遺憾的是，他們要拍結婚照的時候，沈石蒂工作室已人去樓空。他們只好又找了一家在當時也十分有名的照相館。但是，「和沈石蒂拍的比，那就顯得非常平庸了，」陳立善說。

　　孫遜的兩張照片今天還掛在母親臥室的牆上：

一張是他的個人照，一張是他和母親的合影。兩張照片都攝於一九五四年，當時他只有一歲。

　　看到網上的老照片，孫遜立刻找到以色列駐上海總領事館進行了確認。

　　一九五〇年，孫遜的父親從美國的威斯康星大學工商管理專業畢業，回到上海阜豐麵粉廠工作，他的祖父是這家企業的董事長兼總經理。父親告訴過他，他拍那張照片時，其實父親就蹲在他的身後用手扶著他。「父親的上海話說得不好，但英語卻好，所以我想，到沈石蒂的照相館裡照相，用英文交流肯定會讓他輕鬆不少。父親是個有品位的人，只要條件允許，他一定是到最好的地方。就像他理髮會去南京美髮店，吃本幫菜要到德興館一樣，他帶我們去沈石蒂照相館，那一定是因為那裡的品質最讓他滿意。」孫遜說。

　　上海茂名南路上的法國梧桐，有的已經生長了一百年；它們的濃蔭，輕撫了無數在那裡散步的情侶。它們肯定記得一九五一年的情形：一個叫傅立敏的十八歲少年，和一個叫張真我的女孩手拉著手走出它們的綠蔭，走進老錦江飯店十三層樓底層的咖啡廳裡。「飯店有一扇朝茂名南路打開的小門。在那裡喝杯咖啡或者吃些點心後我們就出來，往淮海中路的方向散步、逛店買東西。」傅立敏回憶說，「今天錦江飯店對面的花園酒店原本是法國俱樂部，去那裡跳交際舞也是我們約會的一個項目。」

傅立敏和張真我散步的時候，只要路過沈石蒂的攝影工作室，就會被它的櫥窗吸引，一旦向裡面張望，每次都能看到沈石蒂正在向他們微笑，有時還推門出來招呼他們進去看看。

　　「沈石蒂照相館有兩個鋪面，店很低調，只是門的上方釘了一塊牌子，寫著他的英文名。這個地方地段好，租金貴，可以推測價格不菲，門口又沒有價目表，很少有人敢推門進去。有一次，我們突然就決定拍一張照片，」傅立敏說，「每次出門赴約，我一向都是西裝領帶的裝扮，頭髮也梳得油光水滑，張真我也總會穿一條淡雅的素色裙子。所以，那次突然決定的拍照，效果也不錯。其實他的工作室相當簡單，並沒有複雜的佈景，而這也正是他的與眾不同之處。我最喜歡沈石蒂攝影時的布光，讓人物的身後有一片暈染的光亮，看上去特別有立體感。」

　　六十多年過去，他們保留下來的只有一張合影照片。由於固定照片的紙板上有 S.M.Sanzetti 的印刷簽名，傅立敏夫婦對沈石蒂又有著深刻印象，所以，他們認定自己也是那家照相館的顧客，只是他們的照片這次沒有被展覽方洗出來而已。

輪船

　　從上海移民以色列十四年後的一九七〇年，六十八歲的沈石蒂還幹著攝影的行當，是當地小有名

氣的商業攝影師。在他的家裡，他和以色列報紙
《七天》的記者諾瑞特‧哈里夫談起過他生命中的
上海。

　　諾瑞特‧哈里夫在一篇報導裡寫道：「他們要
求他用膠片留下他們的影像。他們穿著優雅，配以
首飾和榮譽徽章，志得意滿如參加典禮一般莊重。
這些人裡有富裕的中國人、政界要員、達官顯貴、
各國使節、地主、磨粉廠廠主，有尊貴的夫人，嬌
弱的少女，母親和孩子，忠貞的妻子，也還有……
情婦和小妾。而他，沈石蒂先生，用他的相機和鏡
頭將所有人變為永恆。」

　　其實，在沈石蒂自己知道，在他把很多上海人
變成永恆的同時，上海也把他變成了上海的永恆。

　　一九〇二年，沈石蒂降生在俄國的克里米亞半
島，被起名希約馬‧里夫希茲（Sioma Lifshitz）。希
約馬的父親是一所學校的教師。所以他在家裡接受
教育，沒去過學校。沙皇俄國迫害猶太人，和許多
俄國猶太人一樣，十三歲的他和家裡人輾轉，來到
了中國的北方城市哈爾濱。靠著父親做服裝和布匹
生意，八口之家很快就過上了不愁吃穿的生活。

　　最初兩年，沈石蒂在一家百貨公司裡做送貨
員。十五歲那年，沈石蒂進了技術學校。一九一七
年俄國十月革命，事實上驅趕了大部分貴族、資本
家、舊官員甚至是知識分子。他們中的一部分湧入
了哈爾濱，這讓找工作在當地變成了一件困難的事
情。最終，沈石蒂在遠離哈爾濱市的中東鐵路齊齊

二〇一二年六月十二日，「上海方舟：以色列攝影大師沈石蒂老上海人像展」舉行，觀眾駐足欣賞。

哈爾站和海拉爾站找到了車床操作工的工作。

時尚的思想幾乎能立刻吸引年輕的沈石蒂。但在家裡，沒有人傾聽他的宣講。一九一九年，中東鐵路發生了罷工，失業的沈石蒂和家人又開始了流亡。

沈石蒂曾回憶說：「一九二一年的一個夜裡，大街上出現了日本士兵——他們向我們開槍、向平民開槍、向無辜的人開槍。他們殺人後把屍體扔在大街上。我感到震驚……第二天我就逃到了港口。那時候我十七歲，什麼也沒有帶。我上了一艘開往上海的英國船。」

上海

二十世紀初的上海，是和紐約，巴黎，倫敦齊名的遠東第一城市。美國的福特汽車每出產一個新

款，一個禮拜後，就會出現在上海的街頭。

上海讓沈石蒂的逃難變成了享樂，沈石蒂也讓上海成了自己生命的萬花筒。

其實，從十九世紀開始，由於當時中國的清政府和外國列強簽訂了一系列的不平等條約，地理位置好、水陸運輸無不方便的上海，成為中國對外開放的通商口岸之一。英國、法國等西方列強在上海建立了租界地，在租界內運行西方資本主義的開放式管理，在吸引全世界的冒險家的同時，也吸引著封建皇權專制下中國國內和其他地方的優秀人才。

日本作家江戶川亂步的一本小說中有過這樣的話，大意是六百萬人的東京雖然比不了貴為遠東第一城的大上海，但也足夠繁華。江戶川還有一部作品，名字叫《黃金假面人》，裡面曾提到，上海比日本任何地方都好，是個能讓日本人忘記回家的地方。

有史書記載說，清朝末年的時候，官場內流傳著這樣的說法：在上海當第一大的官，那是全國最「肥」的官。

到了二十世紀二三十年代，高樓和銀行林立，滿街各種膚色的人流，燈紅酒綠，上海的繁華已經可以用「不夜城」來形容。

當時，著名的中國實業家有航運巨頭虞洽卿；銀行家陳光甫、榮氏家族；火柴、煤炭大王劉鴻生；百貨大王郭琳爽；航運大王董浩云、包玉剛；娛樂大亨黃楚九；影視大亨邵逸夫。

很多名人也都在上海留下了他們的足跡，他們

中有後來成為中華民國總統的蔣介石，宋藹齡、宋慶齡、宋美齡宋氏三姐妹，後來成為中國共產黨第一任總書記的陳獨秀，文壇領袖魯迅，電影戲劇翹楚梅蘭芳、阮玲玉、胡蝶、趙丹、白楊，著名畫家徐悲鴻、張大千，黑道首領黃金榮、杜月笙等。這些人不但在當時，就是在當代中國甚至是世界上，都有著不同程度的影響。

大上海一少半是光明，一大半是黑暗。住在上海的人中，更多的是尋常百姓、沒找到機會的外地人和被生活打敗了的落魄者。

五月，算得上是上海最好的時節。屬於典型的亞熱帶海洋性季風氣候的上海，四季分明，溫和濕潤。但六月中旬到七月上旬是它的「梅雨」季節，陰暗和細雨會一連十幾天留在空中不走。

那艘輪船在一九二一年五月的一天，把十七歲的猶太人沈石蒂送到了上海。

他既是到了機會之都，也是到了艱苦之境。

二十世紀七〇年代，沈石蒂接受以色列《新消息》報的採訪時，描繪他剛到上海時的感受說：「上海是個很不尋常的城市，充滿了變化與喧囂。這又是一個熙熙攘攘的城市，有騙子，有小偷，有妓女，有奴隸。這還是一個有著無數種色彩和無數種氣息的城市，又髒亂，又絢麗。所有東西都那麼有趣，那麼令人稱奇。但我並沒沉溺於浮華世界之中，我只做自己真心想做的事。」

初到上海的沈石蒂，住在收費最低的小旅店

裡。他幹上了投資最少、收益最快，但也最沒有社
會地位的工作——擦皮鞋。

拍照

　　他把自己的擦鞋攤擺在了當時上海最繁華的一
條商業路面——南京路上的一家美國人開設的照相
館門口。很快，他就積攢下了一小筆錢並立刻買了
一架廉價的小照相機。工作之餘，用鏡頭收錄中國
上海的異國情調成了他的最大樂趣。

　　擦鞋之餘，他經常拿出自己的作品欣賞。一
天，一位名叫溫德伯格的美國攝影師掃了一眼他的作
品，立刻停下腳步對他說：「你拍得非常好。如果你
願意到我的攝影工作室來工作，我將非常歡迎。」

　　一九二八年，也就是沈石蒂到上海的第六年，
由美國柯達公司出版的《攝影室之光》雜誌封面，
選用了他拍攝的上海女子的肖像。雜誌以《那些照
片和拍它們的人》為題，介紹身在遠東第一大城市
中的這位年僅二十六歲的攝影師說：「中國人能夠
欣賞好的照片，在中國的大城市裡，也能找到很多
好攝影師。沈石蒂就是上海攝影師中的佼佼者，他
年輕又充滿抱負，儘管二十六歲的他只有五年的專
業攝影經歷。十幾歲時，他就從俄羅斯到西伯利
亞，再來到中國。六年前，他來到了上海。在學校
唸書時，他就愛拍照。在他的遠東旅行中，他一路
拍了不計其數的照片。」

可見，沈石蒂真心想做的事，就是拍照。沈石蒂答應了邀請他的溫德伯格先生。沒幾個月，攝影愛好者沈石蒂就完全迷上了這份新工作，以致於當一個美國商人建議為他在上海開一間專門的攝影工作室時，他毫不猶豫地接受了。

不久，沈石蒂的工作室顧客好評如潮。他的顧客群非常忠實而且數量不斷增加。

《攝影室之光》雜誌寫道：「沈石蒂的工作室很快就成了上海最出名的攝影工作室之一。他把工作室搬入了更大的地方——位於城中更好的地段。除了才華，他的成功還得益於他使用了 Eastman Portrait Film 膠片和 Vitava 相紙——這種膠片和相紙被公認是目前世界上最好的攝影材料，能創造出最佳的影像效果。」

《攝影室之光》雜誌接著寫道：「現在，沈石蒂在上海正經歷著嶄新卻也最糾結的人生時期：他的工作室已經有了四間分店，但他依然有著環遊世界的抱負。所以，要實現抱負，他就必須找到一個能保證工作室信譽的高手接替他一段時間——而他對自己的工作又如此自豪與驕傲，以致於根本就尋不到那個能接替他的人。」

短短幾年，沈石蒂就在上海中心地段——南京東路七十三號擁有了有十一個房間的大型工作室，僱傭了三十一名工作人員。此後，他又在陳立善夫婦拍攝過照片的茂名路七十三號及另外兩處開設了分店。

為了更好地開展業務，沈石蒂把自己的名字改

成」Sanzetti「。為了中國顧客，他還把自己的新名字翻譯成中文「沈石蒂」。

在沈石蒂以色列的家裡採訪過他的記者哈里夫說：「沈石蒂說過，當時一個日本合夥人管理工作室的對外業務。他的工作室拍攝了很多名人肖像，有墨索里尼時期意大利駐上海的公使、教皇在當地的代表、印度的王公、當時中國的外交部長宋子文的母親……」

研究中國攝影史的陳申說，「當時的上海是一個開放的國際都市，人們追求時髦的現代生活。沈石蒂西方式的審美，迎合了上海人的審美情調。」陳申舉例說，中國人到照相館大多是拍全家福，就是拍個人肖像照，也大都是正襟危坐，這是中國人的審美情調。而西方人則以個體為核心，喜歡表現人的個性。看沈石蒂的照片就會發現，他鏡頭下的中國人大都有著悠閒、浪漫的情調。這和當時上海甚至整個中國其他照相館的作品，有很大的不同。

沈石蒂的繼承者和學徒、他的繼子摩西也說：「他每次拍照都試圖從人物的神情中挖掘他最真摯的一面，他能和拍攝對象作很好的交流，進入他所希望看到的狀態。」

陳申說，在當時，能僱傭三十一名員工的攝影工作室，就是在全中國也找不到第二家。在老上海，能僱傭七八個人的已經算是比較大的規模了。陳申分析，沈石蒂僱傭三十一名員工，可能還從事其他業務，比如承擔婚慶公司的功能，運營整套結

俄國猶太人格利高裡·克萊巴諾夫開在上海靜安寺路（今南京西路）的西伯利亞皮貨店，攝於一九三六年。

婚典禮。

《中國攝影史略》記載，十九世紀五〇年代，法國人李閣朗在上海開設了第一家照相館，以後好多年，上海僅此一家。到了二十世紀初，中國的照相館已深入農村腹地。二十世紀二〇到四〇年代，是照相業繁榮的時期，尤其是在大都市，比如上海。當時國門大開，中國社會和經濟處於崩潰和重建的開始時期，而照片則成了這一切的最直觀的風向標。

到了上海的沈石蒂，正趕上了上海照相業蓬勃發展的時代。當時上海大街小巷的照相館有幾千家，最有名的四家被稱為「四大天王」，它們分別是王開、萬象、頂張和耀華。沈石蒂的成功，衝破了這種格局，並帶來了全新的風格。

陳申說：「上海的電影業也是三〇年代以後發展起來的。沈石蒂的造型、手法跟電影業很相似。中國好一點的照相館，尤其受好萊塢電影的影響。好萊塢電影的黃金年代，就是中國照相館的黃金年代。」

猶太人

在沈石蒂生前保存的柯達公司廣告中，他被描述為「成為中國攝影大師的猶太人」。

潘光教授是上海猶太研究中心主任，曾出版了多部研究上海猶太人的專著。潘光在分析沈石蒂的上海傳奇經歷和成功時說，沈的個人經歷和許多其他俄羅斯猶太人相似，時代成就了他們，他們也造就了時代。

一八四〇年鴉片戰爭後，猶太人來上海形成一股持續不斷的潮流，其間出現了三次高潮：第一次是十九世紀四〇年代後的數十年裡，從巴格達、孟買、新加坡、香港等地來滬經商辦實業的塞法迪猶太人（Sephardi），他們主要經營洋行和房地產，代表人物有沙遜和哈同；第二次是十九世紀末為逃避反猶惡浪、革命和內戰來上海謀生的俄國猶太人，亦稱阿什肯納茲猶太人（Ashkenazi）；最後一次是一九三三年到一九四一年間，從納粹統治下的歐洲逃到上海避難的猶太難民。

潘光說，近代上海的多元文化大致可分為三種：以外灘南京路為代表的英美文化（塞法迪猶太

人）、以霞飛路（今淮海路）為主軸的法國俄羅斯文化（俄羅斯猶太人），以及虹口的日韓文化和德語猶太文化（猶太難民）。「相較於做大生意賺大錢的塞法迪猶太人和生活在社會底層的猶太難民，俄國猶太人處在中間位置，大多是中產階級，做些小本生意，如餐館、玩具店、書店、皮貨店和以沈石蒂為代表的照相館等。」

成立於一九二五年、坐落在靜安寺路（今南京西路 1135-1137 號）的上海市第一西伯利亞皮貨店，到現在依然生意興隆；現在家喻戶曉的「紅房子西餐館」、「老大昌」面包房，也都是由當時的猶太人最初開辦的。更值得一提的是，當時俄僑帶來的俄羅斯文化，尤其是歌舞和音樂藝術方面，幾乎撐起了老上海國際藝壇的半壁江山，其中較著名的有傅聰的鋼琴老師俄國鋼琴家馬可林斯基和阿達‧勃朗斯坦夫人、為中國國歌《義勇軍進行曲》進行配器的阿甫夏洛莫夫等等。

「俄國猶太人在商業上不如塞法迪猶太人成功，他們是屬於猶太社區中的中產階級，一般從事玩具店、餐館、服裝店、食品店這樣的小本生意。但來到上海後，他們在音樂、舞蹈、美術、喜劇等方面都影響了上海的文化生活。」潘光說。

潘光認為，儘管他們從事的職業五花八門，但當時俄國猶太人身上仍然保有一大共性，即在社會動盪和大轉型時期，他們都特別能抓住機遇。不管他們抵達上海時有多麼艱難，哪怕是身無分文，但

他們克勤克儉，生財有道，憑著誠實和創造性的勞動，仍然能很快贏得上海中外各界人士的注意，並取得令人尊敬的地位。

移民

「在上海，我被日本人逮捕過，」沈石蒂曾跟繼子摩西講述說，「那是一九三七年，侵略中國的日本軍隊占領了上海後。那間審問室裡站著一個軍官和兩個士兵。他們審訊我時，我哼起了一首我喜歡的歌。有一個士兵走過來想要打我，但是那名軍官制止了他。那位軍官肯定是想，如果一個人在如此苦難下還可以歌唱，那就意味著他任何東西都不會隱藏，也不會撒謊。」

潘光分析，沈石蒂能夠平安度過日本占領時期，也可能和他持蘇聯護照有關。他說：「一九四一年十一月八日太平洋戰爭爆發後，日軍進入西方國家在上海的租界，把英美國籍的人關入集中營。一九四三年二月後，日本當局又將來自德國、奧地利等國的無國籍猶太難民遷入虹口的隔離區。惟有一些手持蘇聯護照或申請蘇聯護照的俄國猶太人境遇還好，仍然可以自由活動。那是因為一九四一年四月十三日，蘇聯和日本簽訂了在戰爭中相互保證中立的條約，所以有蘇聯護照的人沒有受到虐待。而一九四五年八月八日蘇聯對日本宣戰，八月十五日日本就宣佈無條件投降，也沒有時間向在中國境

內持有蘇聯護照的人進行報復。」

第二次世界大戰結束後，所有在中國的俄國人、包括猶太俄國人，都被允許回到蘇聯。沈石蒂的名字也被列入到了蘇聯領事館開列的名單上。但是沈石蒂到俄國領事館宣佈放棄這項權利，留在中國。

新中國成立後的一九五五年，全國實行了公私合營，沈石蒂的工作室也被進行了國有化改造。無奈之下，他在上海的一家英國學校裡教授了兩年攝影課程。

一九五七年，他帶上照相機、留下的洗印設備和他的兩萬多張照片移民以色列。

他的繼子摩西說，「離開中國讓他非常難過，因為在上海的最後一些年，他和一個名叫『南希』的中國女人共同生活著。但因為客觀上的原因，他卻不能夠帶著這個女人來以色列。他一直在想唸著她，但也一直都得不到她的消息。因為中以雙方沒有建立外交關係，他不敢給她寫信，怕給她帶去更大的麻煩。」

以色列駐上海總領事館證實，當年，沈石蒂在上海時確實有一段婚姻，妻子是中國女人。和他結婚時，她帶著一位小女孩。但她們最終未能隨沈石蒂去往以色列。

愛情

二十世紀五〇年代末的特拉維夫，看上去有些

蕭條。沈石蒂落入了剛到上海時的境地：找不到工作、相機被偷、身無分文。

但愛情拯救了他。一次偶然的機會，他結識了羅莎麗亞——他後來的妻子「舒沙」。

摩西清晰地記得他們和他結緣的情形：「那是我第一次進咖啡館，當然，媽媽陪在我的身邊。我們聽到有人在說俄語，我們是蘇聯移民，這讓我們覺得親切也讓我們激動。循著聲音望去，我們看到了一個表情生動並且眼神睿智的男人。他身材不高，年紀也不小了。母親走過去和他用俄語攀談起來，不久，他就快活地用俄語為母親背頌出一些詩歌，其中肯定有情詩，反正我看得出母親顯得非常快樂。這是母親守寡後少見的表情。一段時間後，他搬來和我們一起居住，他就是沈石蒂。」

「她幫助了我，她讓我振奮起來。我戒了酒，重新開始嚴肅地工作。我發現，生活依然是美好的，」沈石蒂不止一次對朋友們說。

摩西說：「他在特拉維夫租了一間一居室的公寓作為自己的工作室。除了給一家小珠寶作坊拍攝廣告外，有時還會為一家紡織企業繪製印在紡織品上的圖案。這些工作都是一次性的，不能帶來穩定持續的收入。我父親是為國戰死的英雄，國家每年都撥給我們生活費，提供給我們不小的住房，還讓我們享受優惠的貸款。沈石蒂和我們結合後，經濟上不再有後顧之憂。那時候，我大多數時間是在服兵役，休息日就去為他幫忙。逐漸我也喜歡上了攝

影，但當時真沒有想到，攝影竟也成了我一生的職業。」

有一次，摩西和繼父在街上碰到一群年輕的中國人。沈石蒂追著他們大聲地問好，得知他們是來自台灣的留學生。這些台灣留學生對他在上海的生活經歷很感興趣，之後他們多次見面，看那些他在上海拍攝的照片。「上海有中國人、美國人、印度人和混血。在這樣一座城市裡，人人都能找到自己的位置，」沈石蒂眉飛色舞地對他們說。

「對他來說，這些學生就是中國的標誌，提醒著他曾在中國有過的難忘的生活，」摩西說。

昨日重現

沈石蒂當年拍攝的那個像好萊塢電影明星費雯麗一樣的「芭蕾女孩」，名叫洪落霞，如今已經七十四歲，生活在美國。和她的名字一樣，儘管到了晚年，洪落霞看上去還是那麼端莊、美麗，就像天邊的晚霞是天空中最美麗的景色一樣。

「當天我穿著新做的芭蕾舞服參加完一場演出，想為即將上大學的自己留個紀念，於是第一次去拍了這樣的『藝術照』。那時我十七歲。可能是看到我會跳芭蕾舞很高興，他也沒有刻意指導，只叫我隨意擺出各種芭蕾造型。我只記得明亮的燈光打在自己臉上的感覺。那時很多照相館拍出的照片都是一種味道，他拍的照片卻能展現人物最美的一

「芭蕾女孩」洪落霞出席攝影展開幕式

面。我以後拍的照片都不如這張，因此，我懷念他。」洪落霞回憶說。

摩西說：「現在，看到他拍的照片在中國引起那麼大的轟動，我很欣慰。我想，繼父在天堂也會感受到昨日重現的快樂。」

何北劍　編寫

篇 握手

佩雷斯的中國情

　　我對以色列資深政治家西蒙・佩雷斯的第一個、也是最深的一個印象是，他對中國和中國人民充滿感情。一九八九年，他作為以色列政府領導人第一次會見中國記者時，開門見山就說：「我崇敬中國，崇敬中國革命。」一九九八年，他以以色列—中國關係促進會名譽會長身分訪華，熱誠祝願中國成為世界強國，並當眾吟誦李白的著名詩篇《靜夜思》，表達他對中國長期的思戀之情。二〇〇八年八月，他以以色列總統身分來北京出席奧運會開幕式，並賦詩一首預祝這屆奧運會成功。

　　我初次得識佩雷斯是在一九八九年。那年五月，我同錢文榮作為新華社記者訪問長期被視為不能涉足的政治與外交禁地的以色列。我們的主要任務是了解這個國家的基本情況，探詢其領導人對發展同中國關係的看法和主張。當時，以色列是利庫德集團與工黨聯合執政。佩雷斯作為工黨領袖在聯合政府中任副總理兼財政部長。說實話，那時我對他不甚了解，只知道他長期在這個親美國的中東國家擔任高官，從二十世紀六〇年代起先後任占領區經濟發展和難民安置部長、郵政和運輸部長、情報部長、國防部長、政府總理、副總理兼外交部長。在阿拉伯和以色列衝突問題上，他雖然是「鴿派代

以色列資深政治家
西蒙・佩雷斯

表」，態度較為靈活，但也堅持不承認巴勒斯坦解
放組織，反對建立巴勒斯坦國。

五月十二日，佩雷斯作為政府首位高官在特拉
維夫的財政部辦公室會見我們。他頭髮花白，滿面
笑容，臉上泛著紅光。也許是因為第一次會見來自
中國的客人，他顯得異常興奮。他首先向我們介紹
以色列的經濟情況。但他知道，我們最感興趣的是
以色列對改善同中國關係的看法。因此，他把話題
很快就轉到這方面來。他說：「我一直崇敬中國，

崇敬中國革命。中國是個大國，在世界上發揮著重要作用。」講到這裡，他回憶起以色列建國之父、首任總理戴維·本·古里安。他說：「我們的導師本－古里安早就預言，中國必定有一天要在世界的東方崛起，影響整個人類的發展進程。因此，人民中國一建立，他領導的以色列首屆政府就正式表示承認，並聲明願意建立正常的國家關係。」但是，由於種種原因，這一願望未能實現。佩雷斯不無遺憾地說：「歷史的發展往往不盡如人願。甚至在距今十年之前，在以色列同它的交戰國埃及正式建立外交關係之後，同中國竟也沒能建立起任何正式關係。這不能不令人感到惋惜。」他強調：「中國人有燦爛的古代文明，猶太人也有燦爛的古代文明。這兩個民族在歷史上沒有任何怨仇。我們不是你們的敵人，你們也不是我們的敵人。我們兩國沒有任何理由不建立正常的國家關係。因此，我希望通過

你們把我們這種願望轉達給中國領導人。」

接著，佩雷斯回憶說，幾百年來，猶太人受盡欺凌和迫害，不得不流散到世界各地。但在中國，他們從未受到任何形式的欺凌和迫害。本世紀初，特別在是第二次世界大戰期間，在德國法西斯迫害和屠殺猶太人的時候，幾十萬猶太人從歐洲移居到中國。中國不但沒有排斥他們，而是歡迎他們，給他們衣食，給他們居所，給他們從事商業、教育、文化等活動的機會。在歐洲，有六百萬猶太人慘遭殺害，而在中國，卻沒有一個猶太人死於非命。講到這裡，佩雷斯用充滿感情的語調說：「我們感謝中國，感謝中國人民。我們非常希望同中國建立友好關係。中國同美國搞了『乒乓外交』，很成功；我們不大會打乒乓球，但很會打網球。我們可以搞一場『網球外交』。我們可以在工業、農業、科技、旅遊等各個方面進行交流與合作。」

佩雷斯談話如此坦誠友好，如此機智幽默，如此充滿激情，令我深受感動。說實話，我真沒有料到，在我們一直視為「寇仇」的以色列，竟有這樣對華友好的人士，而且是來自政壇最高層。

會見結束前，我請他談談家庭情況和個人愛好。他欣然接受。他說，他有一個兒子、兩個女兒。他們都很想了解和認識中國。關於個人愛好，他說：「我沒有別的什麼愛好，就是愛讀書。我讀過不少關於中國的書。我也讀過孔子、孟子、孫子，讀過李白，讀過毛澤東，當然了，都是通過英

文譯本。」他停頓了一下接著說：「如果也算愛好的話，我還有一個。那就是同你們已故的毛澤東主席一樣，喜歡夜間讀書和工作。」說到這裡，他笑了，在場的人都笑了。這段嚴肅談話之餘的小插曲，把主人與客人之間的感情進一步拉近了。「天涯何處無芳草，信哉。」這是我在當天日記上寫下的一句感慨之詞。

從這次會見開始，我多次訪問以色列，每次都採訪佩雷斯，而他每次無不談中國，談中國同以色列的關係。

第二次採訪佩雷斯是一九九〇年十二月。在此之前，他領導的工黨因為同伊扎克·沙米爾領導的利庫德集團政見分歧已退出聯合政府。他以主要在野黨領袖的名義在議會大廈擁有一間辦公室。辦公室異常狹小，只能放下他的一張辦公桌和女秘書的一張打字桌，連一把多餘的椅子都沒有。秘書小姐不知從哪兒找來兩把小方凳，才解決了我們不得不站著談話之尷尬。當時，中以建交問題的祕密談判已開始取得進展。佩雷斯開門見山就說：「我感到很高興，因為以中兩國的關係在改善。遺憾的是，改善的步子小了一點。我真希望能夠早一點訪問中國，親眼看一看今天的中國是什麼樣子，印證一下我從書本上得到的關於中國的知識是否正確。」話雖不多，但他對中國的嚮往之情，殷殷可鑒。

我第三次見到佩雷斯是一九九二年三月。其時，中國同以色列剛剛建立外交關係，佩雷斯仍是

在野的工黨領袖。還是在議會大廈那間逼仄的辦公室，他非常高興地說：「我們兩國經過四十多年的磨難，終於走到一起來了。我始終認為，亞洲大陸東端的泱泱大國中國同這塊大陸西端的蕞爾小國以色列，代表著人類兩種不同的文明，但又是兩種相互補充的文明。兩國必定有一天會攜起手來，為人類的現代文明作出新的貢獻。今天，這個願望開始實現。」他還說：「我曾多次夢想訪問中國。現在，兩國建交了，我看是有希望實現了。」臨別前，我們相約在北京見面。

一九九二年六月，以色列工黨在大選中獲勝，聯合幾個左翼小黨上台執政。在新的內閣中，伊扎克‧拉賓任總理，佩雷斯出任外交部長。翌年五月，佩雷斯以以色列外交部長的身分正式訪華。第一次親身來到嚮往已久的中國，他顯然很激動。在同中國領導人會談、同中國知識界人士座談時，他一再說，中國的巨大變化給他留下非常深刻的印象。中國發展之迅速，不到實地看一看，簡直是難以想像。他還說：「中國把社會主義與市場經濟結合起來，這在世界上是極為罕見的。中國是一個大國，有很多地方值得我們學習。」一位以色列資深人士後來告訴我，佩雷斯在私下談話中高興地把這次中國之行比喻為「圓夢之旅」。

以拉賓為首的工黨政府順應時代潮流，改變前政府在中東問題上的僵硬做法，奉行靈活、務實的政策。一九九三年九月十三日，以色列同巴勒斯坦

解放組織簽署和平協議，從而揭開了中東從戰爭走向和平的歷史新篇章。佩雷斯對此作出了歷史性的貢獻。作為一位具有遠見卓識的政治家和思想深邃、筆耕不輟的著述家，他把自己幾十年為實現中東和平而奔走的經驗和對中東地區發展與繁榮的前景的思考及時地記錄下來，很快出版了一本新的著作《新中東》。新華出版社得悉，提出將這本著作譯成中文出版。佩雷斯慨然應允。他說，他非常高興他的著作能在中國出版，使中國那麼多讀者能了解他對中東問題的看法。

我第四次見到佩雷斯是一九九四年一月初在他的外交部辦公室。我曾在這間辦公室採訪過他的兩位前任——摩西·阿倫斯和戴維·利維，見證了中以兩國建交過程中的一些重要事件。這些，佩雷斯事前早有所知。因此，我一落座，他就說：「你是我們外交部的老朋友了。我今天非常高興地告訴你，我對我們兩國建交兩年來雙邊關係的發展感到很滿意。但從另一個角度講，我們兩國相互隔絕幾十年，要做的事真是太多了。我們需要加緊幹。我們應大力加強在經貿領域，在農業、科技、教育、文化、旅遊等各方面的交流與合作。」他還說，他希望兩國利用最短的時間在這些交流與合作方面取得最大的成效，以便把過去失去的幾十年時間追回來。這不但對以色列有利，對中國也有利。這將是以色列對中國在歷史上最困難的時期慷慨接待猶太人的一種回報。

談起他的新著《新中東》一書在中國的出版問題，我受出版社之托，請他撥冗撰寫一篇序言。他當即慨然應允，並在不到半個月的時間就將寫好的序言傳來。他在序言中說：「中國和以色列地處亞洲的兩端，相隔萬水千山，但我們兩國人民卻是彼此親近的。偉大的中國人民給世界提供了精神上的和物質上的財富。假如沒有這些財富，人們將不可能描述歷史的進程。」他還說：「中國已經表明它能夠征服貧窮和幾代人以來經受的苦難。我們希望中國成為中東各族人民，既包括以色列人也包括阿拉伯人，在我們共同走向未來的道路上加以傚傚的一個榜樣。」序言不到兩千字，但卻充滿他對中國古老文明的讚譽之詞，充滿他對今日中國現實的崇敬之情。這再次證明，他第一次接受我們採訪時所說的「我崇敬中國，崇敬中國革命」絕不是一句虛言。

一九九五年十一月，拉賓被敵視中東和平的勢力殺害。佩雷斯受命於危難之際，接任政府總理兼國防部長職務。次年六月，工黨在大選中失敗，佩雷斯退出政壇。九月，以色列對華友好人士發起組織以色列－中國關係促進會，年高德劭的佩雷斯被推舉為名譽會長。一九九八年四月，他率領該會代表團訪華。江澤民主席在會見時稱讚他是中國人民的老朋友，為推動中以兩國友好合作關係的發展做出了不懈的努力。佩雷斯說：「五年前我訪問過中國。五年後的今天，我發現中國發生了巨大的變

化，社會穩定，經濟迅速發展，人民生活水平不斷提高。這一切給我留下了深刻的印象。」

訪問結束，他舉行答謝晚宴，即興發表講話說：「這是一個充滿感情色彩的夜晚。我的心情非常激動。我來訪的中國，其實不只是一個國家，而是一片廣袤的大陸，一片不存在懷疑情緒的大陸，一片充滿希望的大陸。」接著，他吟誦了李白的著名詩句：「舉頭望明月，低頭思故鄉。」他說：「每當讀到李白的詩句，我都想起中國，嚮往中國。這是我從小就有的感情。」說到這裡，他話鋒一轉：「今天，令我感到高興的是，中國將成為像美國一樣的超級大國。我說中國是超級大國，不是普通的、消極意義上的超級大國，而是積極意義上的超級大國；不是要主宰別人的那種超級大國，而是帶來和平、友誼和奉獻的那種超級大國。」他的話音一落，在座的中以雙方人士就報以熱烈的掌聲。

晚宴即將結束時，他又談到以中兩國今後進一步加強友好合作問題。他說：「我認為，兩國合作的領域非常廣闊。我覺得，從未來、從下一個世紀著眼，我們還有一個新的合作領域，即對孩子們、對幼兒園的孩子們進行高科技教育。在以色列，孩子們從小就學科學。中國的孩子們這麼多，他們也應該從小就有學科學的機會。因此，我建議，像開辦中以友好示範農場那樣，以中雙方合作，再開辦一個兒童學高科技的示範幼兒園。」他的建議引起在場者的極大興趣，他們熱烈鼓掌表示歡迎。

佩雷斯二〇〇二年三月在北京出席其新作《新創世記》中文版首發式

　　在這次宴會開始之前和結束之後，佩雷斯兩次同我交談。他詢問了《新中東》中文版的發行情況。他說，他非常願意做溝通與加強以中兩國人民之間了解的一座橋樑。同時，他告訴我，他最近又完成一部書稿，主要內容是通過對二十世紀大事的回顧，對下一個世紀的全球形勢和發展從各個方面進行展望和預測，書名叫《新創世紀》。回國不久，他就把這本新作的英文打字稿寄給我，授權我組織翻譯、新華出版社出中文版。譯畢，我徵詢他的意見，能否撰寫一篇序言。他身居高位，異常繁忙，但仍慨然應允，並在很短時間內寫好寄來。我覺得，這不但體現了他辦事向來重信諾的作風，也體現了他對加強以中兩國人民之間了解的關心和重視。

　　二〇〇二年三月，佩雷斯以副總理兼外長的身分再次訪華，並出席了《新創世紀》一書的首發

式。他在首發式上講話，稱讚中國近年「以令人難以想像的速度在發展」，堅信以中兩國之間的交流隨之也會「再上一個新台階」。首發式結束，他同在場的不少中國學者交談。他對我說，他真沒有想到，他們對他那麼熟悉，一個個好像都是老朋友。

二〇〇七年七月，佩雷斯就任以色列第九任總統，仍兼任以色列—中國關係促進會名譽會長。他一如既往，繼續關注著中以兩國關係的發展。二〇〇八年八月，他已八十五歲高齡，不顧友人的勸阻，仍堅持來北京參加奧運會開幕式。啟程之前，他賦詩一首，讚揚北京奧運會是光榮、和諧、和平之同一夢想的象徵。參加開幕式後，他興奮地說，奧運會開幕式是個宣言，宣佈中國走出五千年的厚重歷史，踏進現代世界的大門。中國變得強大，世界會更安寧。

佩雷斯對中國一往情深。中國人民尊敬他，感謝他。

高秋福

（新華社原副社長）

以色列的破冰者們

今年一月是中國同以色列正式建立外交關係二十二年。這兩個有近半個世紀從沒有正式接觸的國家，二十二年前是如何走到一起的，對許多人來說恐怕是一個難解之謎。我曾參與籌建新華社耶路撒冷分社的工作，並接待很多當年以色列主管同中國談判建交事務的高級官員來華訪問，同這些以色列官員很稔熟。大家常常相聚，回憶往事。我在這裡寫寫兩國建交過程中一些軼事及不為人知的細節。

阿倫斯

摩西·阿倫斯曾任以色列外交部長和國防部長，他本是個謹飭寡言之人，但每次重訪北京，他都顯得很激動，話語也就比平素多。在二〇〇二年中國對外友協舉行的慶祝兩國建交的大會上，他動情地說：「中國是東亞大國，以色列是西亞小國。從以色列到中國，飛行只需要十多個小時，而兩國走到一起卻花了五十多個年頭。對中華和猶太這兩個古老民族來說，這只是歷史的一瞬，但對每個個人來說，這卻是一個艱苦努力的長期過程。我作為這一過程的參與者，感到非常榮幸和自豪。」

阿倫斯從一九八六年六月到一九九〇年六月擔任外交部長，是以色列方面打開同中國關係的主要

決策人之一。以色列一九四八年五月建國，中華人民共和國一九四九年十月成立。由於美國的干擾和以色列同阿拉伯國家關係緊張，以中兩國一直未能建立正常關係。到上個世紀八〇年代，中美關係正常化，阿拉伯國家同以色列關係逐漸改善，巴勒斯坦解放組織承認以色列。這為以中關係正常化提供了難得的機遇。一九八五年，以工黨領袖西蒙·佩雷斯為總理的以色列內閣召開會議，專門研究發展同中國的關係問題，聯合執政的工黨和利庫德集團均持積極態度。阿倫斯在同我談話時回憶說，一九八七年秋天，在第四十三屆聯合國大會上，他同中國外長吳學謙會晤。這是兩國外長「史無前例的首次會晤」，「是兩國官方接觸的起點」。一九八九年一月，他又在中國駐法國大使館會見了中國外長錢其琛，就兩國關係正常化問題深入地交換了意見。

這年的五月，錢文榮和我作為新華社記者應邀訪問以色列。這是中國人員首次正式訪問這個猶太國家。阿倫斯在耶路撒冷會見了我們。他說：「中以兩國關係近來有發展，但非常、非常慢，而如何加快步伐，完全取決於中國方面。如果中國建議今天晚上實現兩國關係正常化，我當即就會表示『同意』，並馬上簽字，五分鐘之內就可建交。」他的談話反映了以色列同中國建交的急切心情。這年的秋天，在聯合國大會期間，阿倫斯再次同錢其琛會晤，決定兩國之間首先互設非政府機構，即以色列在中國設立科學和人文科學院聯絡處，中國在以色

列設立中國國際旅行社辦事處。這實際上是兩國關
係正常化的前奏。

　　就在以中兩國建交的條件日趨成熟的時候，阿
倫斯於一九九○年六月改任國防部長。接替他擔任
外交部長職務的是戴維·利維。利維和阿倫斯都屬
於以伊扎克·沙米爾總理為首的利庫德集團，但阿
倫斯是沙米爾的親信，同屬西方猶太人，而利維是
東方猶太人，與沙米爾心存芥蒂。一九九一年九
月，在以中建交前夕，阿倫斯搶先一步，趕在利維
之前祕密訪華。阿倫斯回憶說，他率領一個代表團

乘專機悄然離開以色列，神不知鬼不覺地直飛北京。這次訪問是沙米爾總理特批，嚴格保密，瞞過了內閣所有成員和外交部，連以色列駐北京的科學和人文科學院聯絡處也沒有知會。抵達北京後，他下榻釣魚台國賓館。中方舉行歡迎宴會前，倒是通知了該聯絡處負責人出席，但仍未說明宴會的主賓是何人。結果，該負責人來到宴會廳，發現主賓竟是本國國防部長，不由驚異萬分，甚至懷疑自己是否看花了眼睛。

談到這裡，阿倫斯不禁笑起來，笑得很開心。他接著說，他訪問了北京和成都，會見了中國領導人，受到非常殷勤周到的接待。然後，他經由烏魯木齊又悄然回國。「一切都非常順利，沒有洩漏半點消息。」可是，萬萬沒有料到的是，幾天之後，特拉維夫出版的《最新消息報》卻在顯要位置刊登了他訪華的一張大照片，當即在以色列朝野引起軒然大波。原來，在離開北京的前一天，阿倫斯同代表團成員一起遊覽長城。說來也是無巧不成書。他們一到長城腳下，就被幾個以色列旅遊者發現。其中一人立馬舉起手中的傻瓜照相機，將阿倫斯一行攝入鏡頭。照片拍攝者雖然不是記者，但還蠻有新聞頭腦，知道這張照片的新聞價值。回國後，他以高價把這張獨家新聞照片賣給報社，阿倫斯神祕的中國之行隨即曝光。

阿倫斯為什麼選擇那個時機祕密訪華，他不願多談，我也不便多問。以色列報刊認為，他此行負

有發展兩國軍事技術合作的使命。從他當時的身分看，這是不言自明的公開祕密。

麥宇仁

如果說以色列內閣是以中建交的決策者，那麼，這次來華訪問的以色列代表團成員魯文・麥哈夫（中文名麥宇仁）則是決策的積極執行者。他告訴我，一九八五年底，他受委派到香港任總領事，當時的總理西蒙・佩雷斯交付給他的主要使命是「盡快扣開中國外交的大門」。經過近三年的努力，到一九八八年九月，終於首次取得「突破性進展」。他徵得中方同意，以旅遊者的身分祕密訪華。到北京後，他會晤了旅遊局、科學院和經貿、

農業、科技等部門的人員，為促進兩國的科技與經貿交流找到門徑，並為以色列在北京設立科學和人文科學院聯絡處這個「准大使館」初步探明情況。

這次訪華不久，麥宇仁就奉調回國，被任命為外交部總司長。總司長是僅次於部長和副部長的外交部第三號人物，主持外交部的日常工作。麥宇仁說，他擔任總司長三年多時間，花精力最多的「最具挑戰性的工作」，仍是全面籌劃進一步打開中國大門問題。他這樣說看來一點都不為過。我清楚地記得，中以建交之前，我和同事三次訪問以色列，其中兩次是由他出面接待並主談的。他將以色列政府關於兩國關係正常化的想法和計劃採取的行動都坦誠地告訴我們，希望新華社轉達給中國有關方面。1991 年 3 月下旬，他再次祕密訪華。與上次不同的是，這次是應中國外交部邀請，以官方身分來訪，正式探討兩國關係正常化問題。他不無自豪地說，在兩國的交流歷史上，他是應中國政府邀請正式訪華的第一個以色列官員。他同中國外交部高官舉行了「謹慎而卓有成效的會談」，「打開了兩國政治交流和官方互訪的大門，把兩國關係大大提升了一步」。

蘇賦特

麥宇仁透露，在外交部總司長任上，他為以中關係的發展「完成的另一個重要任務」是物色以色列未來的首任駐華大使。其實，以色列外交部早就

準備有這樣一個人選，他就是懂中文的資深外交官澤夫·蘇賦特。當時，蘇賦特擔任以色列駐荷蘭大使。麥宇仁很快將他調回，先是在外交部內協助開展對華事務，隨後就根據兩國外長一九九〇年九月達成的協議，把他派到北京，「到發展對華事務的第一線」。

蘇賦特出生在英國的伯明翰，早年曾學習中文，是以色列外交部擁有終身大使頭銜的少數幾個資深外交官之一。我在一九九〇年十二月訪問以色列時同他相識。他後來一直稱我是他「正式結識的第一個中國人」。這次慶祝中以建交十週年，他以以色列首任駐華大使的身分隨團來訪。他回憶說，一九八八年底，麥宇仁悄悄告訴他，很快要把他從荷蘭調回，但只說「另有任用」，而沒有具體說明幹什麼。他自己作過種種猜想。雖然他當初學習中文的最大心願就是出使中國，但「看到中國的大門一直緊閉，這個心願早就淡漠了」。因此，到實現夙願的機會真的到來時，他反而感到「簡直難以相信」。

一九九一年三月初，蘇賦特懷著無比激動的心情踏上中國的土地，用他的話說，「受到最熱情、最友好的歡迎」。當時，他的對外身分是以色列科學和人文科學院北京聯絡處特別顧問。而實際上，用麥宇仁的話說，他是以色列「候任駐華大使」。以色列外交部交付給他的任務是，在北京全面負責對華事務，全權負責建交談判，爭取兩國盡早建

交。

　　蘇賦特說，到北京之初，因為沒有外交身分，他不能公開出現在正式外交場合，「只能悄悄進行地下外交活動」。所幸，在所有這些活動中，他均「得到中國各界朋友的真誠幫助」。兩國建交之前在北京進行的所有祕密交往和談判，他都記錄在後來撰寫的《中國以色列建交親歷記》一書中。他多次提到，雖然早年學習過中文，但幾十年不用，來到北京時幾乎都忘光了。他大著膽子想用中文進行交流，但不是張口忘字，就是四聲把握不準，因而經常出錯，經常陷於尷尬之境。還好，中國朋友都很理解，這令他感到十分寬慰。一九九二年一月，兩國正式建立大使級外交關係，他旋即被任命為以色列駐華特命全權大使，幾十年前的夢想終於實

現。

　現在，曾為以中建交做出重要貢獻的以色列人士，有的仍活躍在政界，如佩雷斯和阿倫斯，有的已經退休，如麥宇仁和蘇賦特。但是，他們一如既往，非常珍視以色列同中國已經建立起來的友好關係。他們於一九九六年發起成立以色列—中國關係促進會，繼續為兩國和兩國人民之間的友好與合作孜孜不倦地工作。

高秋福
（新華社原副社長）

從香港到北京

　　談起以色列同中國關係正常化，「麥宇仁」這
個名字不能不提及。但是，麥宇仁是何許人？除外
交圈的幾個人之外，中國恐怕沒有人知道；就是在
以色列，也鮮有人知道，因為「麥宇仁」是他的中
文名字。他的真名魯文・麥哈夫，無論在以色列還
是在其他中東國家，都是廣為人知，因為他曾是這
個猶太國家的著名特工和外交官，後來又成為以色
列親手叩擊中國外交大門的第一人。

　　麥哈夫一九三六年出生在以色列沿海城市特拉
維夫。其父瓦爾特原居德國，為躲避法西斯的迫害
於一九三五年移居到當時處於英國統治下的巴勒斯
坦。麥哈夫從小立志為以色列建國而奮鬥，十七歲
就參軍。服役期滿後的一九五六年，他到耶路撒冷
希伯來大學學習阿拉伯語和伊斯蘭歷史。一九六一
年畢業後，他加入情報部門，在以色列國內外任
職，主要從事阿拉伯國家和伊朗的情報收集和研
究，很快被圈內人稱為中東問題專家。一九八三
年，他奉調到外交部，被派到黎巴嫩擔任以色列使
團長，開始從幕後走上前台。一九八五年，他被派
往香港，擔負起「敲開中國外交大門」的重任，從
而使其一生達到輝煌的頂點。

　　以色列於一九四八年五月建國，一直希望同中

國建立外交關係。為此，以色列於一九七三年在香港設立總領事館，進行多方試探。兩年後，試探一無所獲，總領事館暫時關閉。隨著中東局勢有所緩和以及香港回歸中國的日子逼近，以色列政府認為實現兩國關係正常化的可能性增加，遂於一九八五年恢復這個總領事館，並選定「富有創造性外交能力」的麥哈夫擔任總領事。

以色列外交部前總司長麥宇仁

時任政府總理的西蒙‧佩雷斯交給麥哈夫的使命是，「立足香港，敲開中國外交之門」。如何敲開？麥哈夫決定在正式上任前先去香港考察一番。他廣泛接觸香港各色人士，得出的結論是：中國改革開放，致力現代化，急需高科技支撐。以科技促政治，以民間促官方，是以色列打開同中國關係的「極好切入點」。他這一看法得到「上峰」的讚賞。

一九八五年底，麥哈夫以大使頭銜正式就任總領事，並根據其姓名的諧音取了個中文名字「麥宇仁」。他後來回憶說，到港之後，他牢記自己的使命，抓住每一個有助於打開中國外交之門的機會做工作。同時，他也提醒自己，同中國打交道要有耐心，時機只能爭取而不能強求。在總領館開館的記者會上，他說：「世界上歷史悠久的猶太民族與中華民族，從未發生過衝突。我們坐在一起，桌面上干乾淨淨，沒有任何反猶或反華的遺痕。以色列是世界上最早承認中國的第六個非共產黨國家，並一直堅持一個中國政策。我們之間發展關係沒有任何歷史的和現實的障礙。」為實現兩國關係正常化，

他一方面向香港的新聞機構發送以色列的新聞，促使中國加深對以色列的了解；另一方面，他想方設法接觸中國內地派駐香港的人士和機構，同時任新華社香港分社副社長的李儲文很快建立起經常性聯繫。

經過三年的努力，到一九八八年九月，麥宇仁終於取得他後來所說的「突破性進展」。他同新華社香港分社達成口頭協議，拿到祕密訪華的非官方簽證。他後來就此解釋說，中方給他十天期限的另紙簽證，准許他以「旅遊團」的名義到北京，由中國國際旅行社接待，中國外交部官員不出面。其實，他這個「旅遊團」是個「一人團」，他既是團長又是團員。他後來回憶說：「說實話，中方給出的條件夠苛刻了。但是，在當時，只要能進入中國內地，任何條件我都能接受。」他表示，他理解中國在同以色列發展關係上所持的十分謹慎的態度。

經請示國內批准，麥宇仁當即前往嚮往已久的北京。出發前，新華社香港分社給他提供了在北京活動的聯繫人和電話號碼。到京後，他先是在旅行社導遊的陪同下遊覽一天。之後，他就甩開導遊，按照自己的計劃，同有關人員一一聯繫。四天之內，他會晤了旅遊局、科學院和經貿、農業、科技等部門的不少人士。他向他們出示了以色列科學院發給他的文傳，授權他邀請中方人士訪問以色列。中方的回應總體上來說是積極的。這使他感到，「第一粒友好與合作的種子已經撒播，遲早會開

花」。

　九月十一日，恰值猶太曆新年。麥宇仁對完成首次中國之行的預定任務興奮不已，從北京給佩雷斯掛了一個長途電話，給這位一直關注著以中關係發展的工黨領袖兼政府總理「一個意外的驚喜」。然後，他才真正成為旅遊者，飛往久已嚮往的西安和桂林痛快地遊覽了四五天。回到香港，他以最快的速度給國內撰寫了訪華報告，提出今後同中國發展關係的具體建議。報告受到國內的高度重視。不久，他就奉調回國，被任命為外交部總司長，成為外交部的第二號人物，繼續籌劃進一步打開中國外交大門的問題。

　據曾任以色列科學院秘書的梅爾・扎多克回憶，麥宇仁幾次對他說，中國人非常重視以色列的科學技術，如果當年打開中美關係靠乒乓球的話，現今打開以中關係則需要科技外交。一九八九年五月，以色列科學院派遣一個三人小組前往中國，同中國科學家以及科學管理部門進行了廣泛會見。

　正是在這個時候，美國的一個猶太人社團邀請新華社錢文榮和高秋福以記者身分訪問一向被視為「政治外交禁地」的以色列。到耶路撒冷後，錢文榮和高秋福發現出面接待他們的卻是以色列外交部，宴請的則是麥宇仁。麥宇仁高高的身材，有點粗壯，但彬彬有禮，文氣十足。他頭髮灰白，前額寬闊，淡淡的眉毛下閃爍著一雙明亮的眼睛。鑒於兩國沒有外交關係，又是初次見面，賓主雙方均有

點拘束。麥宇仁稱錢和高是「正式訪問以色列的第一批中國官員」。錢文榮和高秋福則聲明自己是記者，不是官員。這時，大家都會心地笑起來，氣氛開始有所緩和。麥宇仁開門見山，直言道：以色列的大門始終向中國敞開著。中國的大門雖然一直向以色列關閉，但令人欣喜的是，「近來卻打開了一條細縫」。為使雙方的大門向對方徹底打開，最需要做的事情是增進彼此的了解，需要媒體多做工作。他表示：「你們想去什麼地方、想見什麼人，儘管提出，我們盡力安排。」這樣，在為期一週的訪問中，兩位新華社的記者不但參觀很多地方，還見到了包括總理沙米爾、副總理佩雷斯、外交部長阿倫斯等在內的諸多以色列高官。他們深深感到，麥宇仁說話是算數的，值得信賴的。

　　自從麥宇仁離開香港後，中以兩國的官方接觸點就轉到紐約。一九八九年十一月，他飛往紐約會見中國常駐聯合國代表，就以色列在北京建立科學及人文科學院聯絡處和中國在特拉維夫建立旅遊辦事處達成協議。次年四月，作為「准大使館」的以方聯絡處在北京掛牌，不久就促成一百來名以色列科學家先後訪華和五十多名中國科學家訪問以色列。這年的十月，麥宇仁再次飛到紐約，在向中方通報以色列同巴勒斯坦和平談判情況的同時，提出以色列要向北京聯絡處派遣一位資深外交官做顧問。中方慨然表示同意。麥宇仁認為，這預示著兩國關係將有重大進展，因為雙方都明白，這位顧問

實際上就是「候任大使」。兩個月後，新華社記者正式應以色列外交部邀請來到耶路撒冷，出面接待並主持談話的還是麥宇仁。他興奮地說，兩國關係發展的勢頭很好，雙方均在對方的首都設立常駐機構。這種機構正從民間向官方過渡，「兩國關係正在升級」。但是，他認為，兩國關係發展的步子還不夠大，建議實現外交官互訪，加強媒體交流，互派文藝團體演出。他特別強調，這不是他個人的意見，而是以色列外交部的考慮，希望新華社向中國當局反映。他對新華社的重視和信賴，令人感動。

一九九一年三月下旬，麥宇仁再次祕密訪華。與上次不同的是，這次是應中國外交部的正式邀請，以官方身分來訪，探討兩國間的政治問題。他不無自豪地說，在兩國的交流歷史上，他是應中國政府邀請正式訪華的第一位以色列官員。他同中國外交部高官舉行了「謹慎而卓有成效的會談」，「打開了兩國政治交流和官方互訪的大門，把兩國關係大大提升了一步」。據主持會談的中方代表、外交部亞非司司長王昌義講，麥宇仁在告別宴會上動情地說，他本人和在座的以方同事均是以色列「中國俱樂部」成員，都把加強以中關係作為畢生的事業。他期望以中兩國國旗不久能在特拉維夫和北京上空飄揚。

一九九一年十一月，在中以關係正常化即將實現前夕，新華社記者高秋福應邀再次訪問以色列。但這次出面接待的不是麥宇仁，而是新任總司長哈

達斯先生。他到哪裡去了？傳言他同新任外交部長戴維‧利維意見不和，一氣之下，就掛冠而去。《耶路撒冷郵報》為此發表評論說，隨著他的離去，「一顆富於創造性的頭腦就從外交部消失了」。他的不少同事為此感到惋惜。麥宇仁後來的解釋是，他本想把以中兩國關係正常化的事情做到底，但是，在外交部實在難以呆下去，為了個人的尊嚴，不得不憤然離開。他說這番話時，語調低沉，眼裡閃現淚光。

上個世紀末，他退休之後先是從事中東問題研究，後來被推舉為世界猶太人向德國索賠大會的執行委員會主席。第二次世界大戰期間，他的祖父和外祖母因無錢購買離境證，先後被殺害在德國法西斯集中營。他以自己的身世和威望，熱心和能力，為幾百萬大屠殺死難者討回公道而四處奔走。但是，無論多麼忙，他也從未忘掉他曾為之奮鬥的以中友好事業。從二〇〇二年一月中以建交十週年起，他多次訪華，宣講以中友好合作的意義，探訪中國的老朋友。二〇一一年七月，他在北京告訴老朋友高秋福，他在撰寫以中兩國建交歷程的回憶錄，為深入研究兩國友好關係留下一份翔實的記錄。

以色列的對華友好人士於一九九六年建立以色列—中國關係促進會，推舉現任總統佩雷斯為榮譽會長。麥宇仁說，他在以中兩國建交前所說的以色列「中國俱樂部」從此終於成形。作為這個促進會

或俱樂部的核心成員之一，他多次表示，他和他的
同事們將密切關注中國的發展和進步，一定使兩國
和兩國人民之間的友好與合作繼續下去。

高秋福
（新華社原副社長）

歷時二十四分鐘的通訊社審批

　　新華社籌劃在以色列建立分社，多年未能實現。而隨著中以兩國關係走向正常化，建立分社的申請不到半小時就獲得以色列政府批准，分社不到一個月就建立起來。其間有努力，有周折，更有友情，迄今仍覺得耐人回味。

日臻成熟的國際環境

　　中東地區一直是國際政治鬥爭的一個熱點，而熱點中的熱點又是巴勒斯坦問題。一九四七年十一月二十九日，聯合國大會通過決議，在巴勒斯坦地區分別建立猶太和阿拉伯兩個國家。對這一分治方案，猶太人表示接受，而阿拉伯人則予以拒絕，從此埋下了阿以雙方長期衝突的種子。一九四八年五月十四日，猶太人宣佈建立以色列國。翌日，阿拉伯國家同以色列之間的戰爭爆發。在此後的三十年中，阿以之間先後發生四次較大規模的戰爭。在這些戰爭中，中國一直站在阿拉伯國家一邊，反對以色列的侵略和擴張。中國同一系列阿拉伯國家先後建立外交關係，而同以色列則沒有任何來往。新華社在幾乎所有的阿拉伯國家都建立分社，而在以色列創建分社問題則長期沒有考慮。因此，對以色列

的報導，一直由北京的總社和設在開羅與安曼的兩個分社負責，並且總是一片譴責、聲討之詞。一九七九年三月，埃及作為阿拉伯國家聯盟的「盟主」單獨同以色列媾和，從而啟動了艱難而漫長的中東和平進程。一九八八年十月，以阿拉法特為主席的巴勒斯坦解放組織發表《關於建立獨立國家的文件》，在宣佈建立巴勒斯坦國的同時，也宣佈「不追求取消以色列，而是追求與它在睦鄰關係範圍內的和平共處」。這樣，阿以矛盾和巴以矛盾的緩和，給我國調整中東政策提供了一個好機會。從一九八七年九月開始，中以兩國開始正式接觸，就兩國關係的發展進行磋商。在這種情況下，新華社對阿以衝突的報導開始有所調整，譴責「以色列猶太復國主義」的提法減少。同時，從總社到有關分社，開始醞釀派記者前往以色列採訪問題。

　　一九八七年，安曼分社記者芮英傑提出建議，通過巴勒斯坦解放組織的關係從約旦進入以色列占領下的巴勒斯坦地區進行採訪。中東總分社就此向總社呈送了報告。報告經過層層審議，得到中央的批准。但是，正當記者要行動的時候，我駐約旦大使館提出，巴勒斯坦人民在以色列占領區展開起義，記者前去可能會遇到困難，甚至意外。這樣，新華社記者前往被占領土採訪的計劃就延宕下來。一九八八年，被占領土上巴勒斯坦人民的起義鬥爭成為全世界新聞媒體關注的焦點。擔任中東總分社社長的穆廣仁再次向總社提出到被占領土採訪的

計劃。總社批准了這個計劃，但強調「不得同以色列官方接觸」。這年十月，穆廣仁同安曼分社記者符衛健辦了個「旅遊」通行證，從約旦進入以色列占領下的約旦河西岸。以色列外交部得悉新華社記者來訪，認為這是同中國新聞界直接接觸的天賜良機，打算介入穆、符兩人的活動，但被他們婉拒。他們除採訪巴勒斯坦人士外，私下也接觸到一些以色列人。此外，他們在耶路撒冷的阿拉伯新聞界物色了一位報導員，要求他就巴勒斯坦人民的鬥爭情況用阿拉伯文每天向設在開羅的新華社中東總分社發稿。這是新華社歷史上首次在巴勒斯坦地區建立自己的新聞來源。

記者應邀正式訪問以色列

一九八九年二月中旬，我奉命到開羅接替穆廣仁擔任中東總分社社長。赴任之前，我在向總社領導請示工作時提出，擬尋找適當時機派遣記者到以

新華社記者錢文榮和本文作者（左）一九八九年五月採訪佩雷斯

色列採訪，並視情況探討在那裡建立分社的可能性。總社領導對此表示贊同，但鑒於整個問題的敏感性，要我「屆時務必先報總社批准」。萬沒有料到的是，到任僅僅一個半月的三月底，我就接到總社的通知，要我立即做好訪問以色列的準備工作。我知道，以色列一向被我們視為「政治禁地」。到這樣一個地方去訪問，是一個重大政治行動。這樣的行動決非新華社自己能決定。但是，在當時情況下，我覺得只能心會，而不便啟齒多問。事後得知，這是新華社提出，經商主管部門，得到中央批准的。訪問的目的是了解以色列政治、經濟、社會等各方面的情況，了解以色列在發展對華關係方面的意圖和考慮。總社要求，訪問期間可接觸以色列各方面人士，但要「多問少說，行程保密」。在做準備期間，我向總社請示，擬趁機了解和探討在以色列建立分社的可能性。總社回電，表示原則同意，但強調「只能相機行事」。五月十日，我從開羅飛赴以色列，同先期從紐約趕來的新華社聯合國分社社長錢文榮會合，開始為期十天的猶太國之旅。

這是新華社，也是整個中國新聞界首次派遣記者正式訪問以色列。接待我們的原說是美國紐約的猶太人社團關係理事會，但到達後卻發現是以色列外交部。這樣，保密就不可能了。我們到達的當天，不少當地的記者就找上門來要求採訪，我們婉拒了。根據主人的安排，我們採訪了以色列副總理

兼財政部長西蒙‧佩雷斯、外交部長摩西‧阿倫斯以及議會、外交部、工貿部的高級官員，還會見了以色列各大媒體的負責人。我們見到的所有以色列人士都希望中國同以色列建立正常關係。佩雷斯和阿倫斯甚至表示，以色列方面沒有任何障礙，只要中國同意，「幾分鐘之內兩國即可建交」。對這些情況，我在訪問結束後迅即向國內如實作了報告。同時，我還就阿拉伯國家對中以改善關係的反應發回一份報告。我知道，對同以色列改善關係問題，國內最擔心引起阿拉伯國家的不滿和反對。但是，實際情況是，隨著整個國際形勢的發展和中東和平進程的演進，阿拉伯國家對其他國家同以色列發展關係已不那麼介意。我們這次訪問以色列，埃及的中東通訊社和敘利亞電台都作了報導，埃及的一些朋友和在開羅的一些阿拉伯國家的外交官也都注意到了，但反應均很平和。住在開羅的一位巴勒斯坦解放組織高級官員對我說，中國同以色列改善關係，這很正常。中國如果同以色列建交，可以在中東和平進程中發揮更大作用，對巴勒斯坦人民的解放事業是有利的。我認為，這些反應對國內決策是有參考價值的。

一份重要的專題報告

以色列外交部直接出面接待我們的是總司長麥宇仁。麥宇仁曾任以色列駐香港總領事，曾以私人

身分祕密訪華，探索改善以中兩國關係的途徑。他
對中國的中東政策和新華社的情況相當了解。當我
們提出新華社在以色列建立分社的可能性時，他當
即表示，非常歡迎新華社派代表到以色列常駐。他
說，新華社在以色列建立分社，以色列外交部和其
他有關方面將提供一切必要的方便。他希望，通過
新華社派駐記者，進一步促進兩國人民之間的相互
了解，促進兩國關係早日實現正常化。同時，他也
提醒我們，有兩個問題需要事先講清楚。一是報導
問題。他說，以色列倡導新聞自由，外交部和其他
政府部門都不干涉外國記者的新聞報導活動。但
是，以色列又是處於戰爭狀態的國家。因此，凡涉
及政府和軍事當局沒有公開的軍事行動的報導，稿
件在發出前需要送交有關軍事部門審查。否則，洩
漏軍事機密要追查記者的責任。二是建分社的對等
問題。他說，以色列允許新華社在以色列建分社，
但出於對等原則，中國也應允許以色列新聞機構向
中國派遣常駐記者。麥宇仁就此進一步向我們解釋
說，以色列方面提出這個問題，只是出於外交對等
的考慮。換句話說，這只是「作為一個理論問題提
出，一時是不會付諸實踐的」，因為目前還沒有任
何一家以色列新聞機構想向中國派遣常駐記者。

　　我們表示，新華社是希望在以色列建立分社
的。我們的記者如到以色列，當然要遵守以色列對
所有外國記者都適用的規定。至於以色列向中國派
駐記者問題，那不是我們新華社權限範圍之內的事

情，希望以色列方面通過適當途徑向主管此事的中國外交部新聞司提出。但是，可以肯定的是，只要以色列派遣記者到中國，新華社一定提供力所能及的幫助。

從以色列返歸開羅之後，我就建分社問題於五月二十八日向總社發回一份專題報告。我在報告中說，以色列出於政治、外交和其他方面的需要，急於同中國發展正常關係。以方把新華社在那裡建立分社視為兩國關係正常化的一個重要步驟，並答允給予必要的幫助。以色列作為中東地區的一個重要國家，阿以衝突的一方，是個出新聞的地方。而且，那裡新聞事業發達，通訊條件優越，我記者去後有充分的活動餘地。因此，我建議：一、無論從兩國關係發展的需要還是從新華社報導工作的需要出發，我認為都應該在那裡建立分社，並且越快越好。二、分社應建在耶路撒冷。耶路撒冷是以色列和阿拉伯方面有爭議的一個城市。國際上公認的以色列首都是特拉維夫，各國駐以色列大使館都設在那裡。但是，以色列的主要政府機構、議會和政府新聞局都設在耶路撒冷。新華社不是外交機構，建分社不必過多考慮外交問題，而主要應從新聞工作的需要出發。三、對以色列方面提出的對等問題，一應尊重對方的要求，二應相信麥宇仁所說的話。我們通過多方了解得到證實，以色列方面確實只是想得到「一個權利對等」的承諾，並沒有向北京派遣常駐記者的計畫。這點，希望向有關方面說清

楚，不必擔心以色列向北京派駐記者可能幹擾兩國關係的正常發展問題。

報告發回總社後一直沒有回音。我猜測，總社可能認為時機尚不成熟，步子不宜邁得太大，因而採取「徐圖之」的策略將問題拖下來。但後來得悉，事情並非如此。總社對我提出的建議作了認真的研究，並於九月中旬正式向上呈送報告，提出於一九九〇年在耶路撒冷建立分社的計劃。主管部門徵詢有關部門的意見後，原則批准了這項報告，只是要求把建分社的時間「推遲一點」。推遲的原因，後來了解到，主要是出於這樣一個考慮：中以兩國外交部長早些時候達成協議，為推動兩國關係的發展，中國在以色列設立中國國際旅行社總社駐特拉維夫辦事處，以色列在中國設立以色列科學及人文科學院駐北京聯絡處。而我國旅辦事處首批人員已於九月中旬抵達以色列。有關方面認為，新華社分社的建立應同該辦事處的建立拉開一定的距離。但推遲到什麼時候，主管部門的批示則沒有明確。這樣，建分社問題一時間就遙遙無期了。

「步子還不夠大」

我們不急，而以色列方面卻很急。從一九八九年九月起，以色列外交部通過其駐埃及大使館幾次邀請我們再次去訪問。我們則一拖再拖，直到一九九〇年十二月，經總社批准，我同總分社編輯水均

益才第二次訪問以色列。此時，伊拉克入侵科威特已經四個多月，美國及其西方盟國正在調兵遣將，海灣戰爭隨時有爆發的危險。因此，這次到以色列，一是了解以色列方面對海灣危機的看法和評估，二是了解在新的形勢下以色列對進一步發展同中國關係的看法和打算。就第一個問題，我們採訪了已經離開以色列聯合政府、以溫和派著稱的工黨領導人佩雷斯，已由外交部長改任國防部長的阿倫斯，曾任國防部長、當時任住房部長的著名鷹派將軍阿里爾·沙龍。就第二個問題，我們又同以色列外交部總司長麥宇仁單獨舉行了會見。

麥宇仁在同我們會見時說，過去一年多時間，兩國關係發展很好，兩國分別在對方首都設立了辦事機構，兩個辦事機構最近又受權代發簽證，開始從民間機構向官方機構過渡，說明「兩國關係正在逐步升級」。對這一切，以色列方面是滿意的。但是，他認為，兩國關係發展的步子還不夠大，「一些順理成章的步子應盡早邁出去」。他提出，在今後半年時間裡，以色列方面對進一步推動兩國關係發展有幾點意見，其中第一條就是希望新華社盡快在以色列建立分社。他重申，以色列外交部將為新華社建立分社提供一切必要的方便。以色列在這方面只是提出對等的要求，並不打算立即實現。麥宇仁強調，這些並非他個人的看法，而是以色列外交部的考慮。他說：「我們知道新華社在中國的地位和影響。我希望你們把我們的想法傳達到中國各個

階層的讀者。」麥宇仁說完「各個階層的讀者」之後，可能擔心我不理解他的真意，緊接著又補充一句：「包括最高層的讀者。」

通過麥宇仁的談話，我感到以色列對新華社確實比較了解，也確實非常重視新華社在促進兩國關係發展方面所起的作用。因此，在對新華社在以色列建立分社問題上，他們的立場有所變化，看來在盡力為我分社的早日建立創造必要的條件。

這次以色列之行，我們還採訪了兩位著名的巴勒斯坦人士。一位是居住在東耶路撒冷的阿拉伯研究中心主任費薩爾·侯賽尼，另一位是古城伯利恆市市長埃利亞斯·弗雷傑。侯賽尼是穆斯林，公開身分是學者，實際上是巴勒斯坦解放組織和阿拉法特主席在被占領土的代表。弗雷傑是基督教徒，是在約旦河西岸市政選舉中當選的市長，也是巴勒斯坦解放組織的積極支持者。在一九九四年巴勒斯坦民族權力機構成立時，他們兩人都被任命為內閣部

本文作者（左）和水均益一九九〇年十二月採訪沙龍

長。在接受採訪時，他們儘管身分、處境和宗教信仰不同，但都對中國同以色列發展正常的國家關係表示理解。侯賽尼特別指出：「如果是過去，我們會把中國同以色列發展關係看成是『對阿拉伯和巴勒斯坦事業的叛賣』；而現在，形勢變化，時代發展，巴勒斯坦解放組織也在設法同以色列打交道，尋求中東問題的和平解決。中國同以色列建立正常的國家關係，便於對它施加影響。這對我們的事業實際上是一種支持。」我覺得，他們對中以關係正常化的看法，代表了新形勢下巴勒斯坦人民和其他阿拉伯人民的基本態度。我們的種種擔心看來是沒有必要的。

採訪結束後，我們將採訪的收穫分別寫成「以色列高級官員對海灣危機的看法」、「以色列外交部關於進一步發展以中兩國關係的考慮」、「巴勒斯坦人士對中以關係正常化的反應」等三個報告發回總社。據有關人士後來告，這些情況很重要，對處理中國同以色列的關係很有參考價值。但是，關於在以色列建立分社問題，總社仍然沒有作出任何反應。

創建分社的時機漸趨成熟

一九九一年初，海灣戰爭結束，中東和平進程再次成為國際社會關注的焦點。經過有關各方的艱苦努力，中東國際和平會議於十月分在馬德里召

開。在此前後，蘇聯和一系列東歐國家同以色列恢復了中斷二十多年的外交關係。這在客觀上推動了中國同以色列關係正常化的進程。中東和會之後，以色列外交部代表團訪華。我外交部發言人在答記者問時公開確認了此事。這是我方首次正式公開承認中以兩國之間在北京有政府間的「官方接觸」。以色列報紙將此舉稱為「兩國關係中近幾個月來邁出的最重要的一步」，「預示兩國關係正常化只是時間問題了」。

看到這種新的形勢，我是又高興又著急。高興的是中以兩國關係正常化即將實現；著急的是必須在兩國建交之前把分社在以色列建立起來。為此，我又向總社打報告，要求第三次訪問以色列，具體討論建立分社事宜。說起來也是湊巧，就在這個時候，總社已向主管部門重提在以色列儘快建立分社問題，並很快就得到批准。這樣，總社就很快批覆了我的報告，同意我同總分社副總編輯周則鑫於從十一月二十七日到十二月四日訪問以色列。

抵達以色列後，我們首先採訪了外交部長戴維‧利維。利維坦率地表示，他所屬的利庫德集團同在野的工黨有矛盾，而在利庫德集團內部，他同總理沙米爾也有矛盾。但是，他強調：「我確信，在同中國建交問題上，利庫德集團同工黨，我同沙米爾總理，是沒有矛盾的。以中兩國建交之日，我一定親自去北京簽字。」

隨後，以色列外交部又安排我們採訪了沙米爾

沙米爾總理在以中建交前夕會見新華社記者

總理。沙米爾說，猶太民族和中華民族是世界上兩個偉大的、歷史悠久的民族。這兩個民族應該有正常的交往。中國是世界上最重要的國家之一，擁有巨大的潛力。因此，以色列對同中國建立友好關係很有興趣。他還說：「以中關係正常化符合兩國人民的根本利益，希望新華社記者向中國領導人代為轉達這一看法。」談到兩國關係正常化的時間問題，沙米爾說：「你們很清楚，我們方面沒有任何問題。這完全由中國政府來決定。我們只是希望兩國盡快建立外交關係。」

沙米爾的談話就以中兩國關係問題傳達了一個正式而明確的信息。我們聽後感到很高興，急忙趕回下榻的飯店，首先用英文和中文向總社發稿。隨後，我們又把沙米爾和利維有關兩國關係的談話內容綜合成一篇報告，也徑直發回北京，供有關方面參閱。

眼看中國同以色列建交，新華社在以色列建立

分社問題再也不能拖延。在這次訪問期間，我們同以色列外交部和政府新聞局就此進行了詳盡而具體的討論。以色列外交部副總司長葉加爾對新華社在增進兩國人民之間的了解方面所起的作用給予高度評價。他說：「在過去的近三年中，新華社在促進兩國關係的正常化方面發揮了積極而重要的紐帶作用，橋樑作用。你們是兩國關係正常化的開路先鋒。我們非常感謝你們。你們到以色列建立代表機構是順理成章的事，我們表示歡迎，並願意提供一切幫助。」葉加爾在談話中始終沒有提「對等」問題。我想，這不是他的疏忽。在兩國關係發展到這種地步的時候，看來再提這個問題已經完全沒有必要了。

建立分社的具體事宜，我們是同主管外國記者事務的以色列政府新聞局討論的。新聞局長約希‧奧爾默特博士告訴我們，耶路撒冷是世界上最大的新聞中心之一。這裡有來自世界各國近二百家新聞機構的幾百名代表。他說：「在世界上有影響的新聞機構中，就差你們新華社一家的代表了。綠燈早已打開，請你們快點來，越快越好。這裡沒有什麼繁雜的手續，也沒有什麼官僚主義的繁文縟節。只要你們總社或總分社給我來個電報或文傳，說明理由和擬派人數，我批個字就成了。不必經過外交部或其他什麼機構。」他說話這樣爽快，出乎我們意料。我感到，隨著中以兩國關係正常化步伐的加快，新華社在以色列創建分社的一切先決條件和障

礙都已不復存在。現在，只等我們邁出那最後的一步了。

在這裡需要特別提到的是，奧爾默特博士出身名門望族，父親是以色列首屆議會的議員，三個哥哥分別在軍界、政界和商界高層服務，有權、有錢、有勢。他家有一個「中國情結」：上個世紀的四〇年代之前，他父母曾在中國的哈爾濱居住，爺爺和奶奶死後埋葬在那裡。他告訴我們：「中國一直是我們一家人談論的話題。我沒有到過中國，但中國一直在我心中。我見到你們，覺得格外親切。」他這一番話，把我們之間的距離一下子拉近了。這也許是新華社在以色列建立分社非常順利的原因之一吧。

分社終於在兩國建交前夕建立

從以色列一回到開羅，我們立即將考察建立耶路撒冷分社的情況和建議報告總社。十二月二十四日，總社給我發來穆青社長就建立耶路撒冷分社問題致奧爾默特局長的一封信。我當即請周則鑫同志將信譯成英文，文傳給奧爾默特博士。三個小時之後，奧爾默特博士給我打來電話說：「我剛從外邊回到辦公室，看到來函。非常歡迎新華社來耶路撒冷建立分社。以色列新聞局願提供一切方便。我先給你打個電話表示口頭同意，半個小時之後，你就會收到正式的書面答覆。」果然，時間只過了二十

四分鐘，他就來函正式表示，同意新華社在耶路撒冷建立分社，並向新聞界公佈了這一消息。這樣，探討、籌劃了好幾年的事情，在二十多分鐘內就順利解決了。

新華社在耶路撒冷創建分社的手續問題解決了。但是，誰去具體完成這一任務呢？我三番五次催問總社，回答總是「尚未找到合適人選」。於是，我毛遂自薦，但總社不同意。眼看兩國建交的日子臨近，不能再等下去。我同總分社幾位負責人一起商議，決定向總社推薦總分社管轄下的德黑蘭分社首席記者李紅旗。一個電話打回去，總社當即表示同意，並說「將盡快完成一切必要的手續」。

按照規定，我先將李紅旗的簡歷發給奧爾默特博士。考慮到以色列對伊朗特別敏感，簡歷中沒有提及他現在德黑蘭分社任職一節。奧爾默特博士隨即來電話，對李紅旗出任分社首席記者表示歡迎。一九九二年一月十五日，李紅旗來到開羅，除作必要的赴任準備之外，我同他一起起草了一個今後對以色列的報導方針。考慮到整個中東地區形勢的變化和中國同以色列即將建交，新華社對以色列的報導方針需要作較大調整。我們擬出的新方針強調，今後對以色列報導應更加客觀、全面、公正：繼續支持巴勒斯坦人民為維護民族權利和建立獨立國家而進行的鬥爭，批評以色列侵占阿拉伯土地和無視巴勒斯坦人民的民族權利，但批評要注意掌握分寸，不使用有傷猶太民族感情的詞句；支持巴勒斯

坦和其他阿拉伯國家為收復失地、實現中東和平而
作出的努力，有選擇地報導以色列官方和政黨關於
中東和平進程的積極言論和行動；適當報導以色列
經濟、科技、文化的發展情況，特別是那些可資我
借鑑的東西。我們將擬好的報導方針報送總社，總
社很快就批覆同意。

　　根據中以雙方共同商定的安排，以色列副總理
兼外交部長利維定於一九九二年一月二十一日應邀
訪問中國，在北京同中國國務委員兼外交部長錢其
琛一起簽署兩國建交公報。因此，李紅旗於一月十
八日匆匆前往以色列，趕在利維赴北京之前對他進
行專訪。一月二十日，在奧爾默特局長的幫助下，
李紅旗於利維登機前在機場對他進行了採訪。翌

日，奧爾默特局長接受新華社對李紅旗的委任狀，協助李紅旗在半小時內就辦理了記者證。這一切手續完畢，就標誌新華社耶路撒冷分社正式建立起來。

從新中國一九四九年成立起，經過四十多年艱苦曲折的歷程，中以兩國終於在一九九二年一月二十四日如期簽署建交公報，兩國關係史從此揭開了嶄新的一頁。隨同利維外長訪華的以色列外交部的幾位高級官員後來回顧往事，均讚揚新華社在增進兩國人民相互了解、促進兩國關係正常化方面作出的貢獻，稱新華社記者是「促進兩國關係發展的先驅」。

一九九二年三月初，我接到總社要我回國工作的調令。在向埃及和其他阿拉伯國家的朋友們辭行的同時，我也向在過去三年中密切合作的以色列駐埃及大使館的朋友們告別。沒有料到的是，以色列大使館將我奉調回國的消息報到耶路撒冷。因此，我很快就接到奧爾默特局長的電話，他堅持要我「也要向以色列辭行」。他不無幽默地說：「你是新華社中東地區總分社社長，主管的是整個這一地區，不能只向開羅的阿拉伯人辭行，而不向耶路撒冷的猶太人告別。請你講求公正，回國前務必再來以色列一趟，哪怕是一天也行。」打過電話的第二天，他又正式發來一封邀請函。我感到盛情難卻，經總社批准，在離開開羅之前，又到以色列訪問三天。訪問期間，奧爾默特博士熱情地為我設宴送

行。我則代表新華社邀請他在適當的時候專程訪
華。他高興地接受了邀請，並於次年成行。臨別
時，他指著李紅旗對我說：「你盡可放心，我們會
把李先生照顧好的。他有事可隨時找我。我辦公室
的大門永遠是向新華社記者敞開的。」

　　奧爾默特博士及其繼任者，還有以色列外交部
和其他一些部門的朋友，的確給予新華社諸多幫
助。因此，新建立的耶路撒冷分社根據總社「邊抓
報導邊抓建設」的指示，很快就走上正常運作的軌
道。

高秋福
（新華社原副社長）

合作（篇）

一個水利工程師的回憶

　　在二〇一四年一月二十四日中國和以色列商務交流年會上，以色列駐華大使馬騰先生、前駐華大使館公使銜農業科技參贊歐慕然教授和我談到了國家外國專家局、中國國際人才交流協會在中國與以色列建交前的往事，以及外專局所屬的企業單位在兩國之間開展的種種學術和科技交流活動。我不禁追溯往事，那些合作、那些友情、那些持續至今的發展歷歷在目：

　　必須提到的一個機構是中國華陽，這是一九八四年組建的國家中央一級大公司，以引進國外智力即專業人才和先進技術為主要任務，公司成員均為來自國家各部委、科研院所和大學的科學家、工程師和教授。它是國家外國專家局開展國際科技合作與技術貿易的引進國外智力平台之一，在一九八四到一九九二年隸屬於原「中央引進國外智力領導小組辦公室」，一九八九年改制後由原「國務院引進國外智力領導小組辦公室」領導。引進以色列人才和技術為公司的重點工作之一。後來為執行此項任務專門成立了中國華泰公司並在香港設立分支機構，由「中引辦」領導組織和協調有關活動，從此形成一條經由香港連接以色列和中國大陸的祕密經貿和技術交流通道。中國華陽公司和中國華泰公

司擔負著以貿易為掩護，執行國家外國專家局和原「中引辦」、「國引辦」對以色列和其他特殊國別開展科技交流活動和引進智力工作的任務。作為在外專局工作和在中國華陽公司工作的項目執行者，當時我親歷並直接參與了這些工作。

在國家外國專家局的領導下，中國華陽技術貿易總公司從一九八四年起，成功地與六十多家以色列科研機構、政府社團、協會和公司從事技術交流和建立貿易聯繫。這種聯繫的建立，不僅成為將以色列工業和農業的先進技術引進到中國的橋樑和窗口，而且還成為中以兩國科學家之間在先進的科學與技術方面進行學術交流與合作的基礎。當時隸屬於國家外國專家局（中引辦、國引辦）的中國華陽技術貿易總公司及其中國華泰公司成為中國改革和開放以來，第一個與以色列進行經濟和技術合作的公司。從一九八五年至一九九二年中以建交華陽公司共邀請了二百多名以色列高層次科學家和著名廠商來華，就先進科學與技術的交流與合作訪問了中國；同時還派出了六百多名中國專家和技術人員、管理人員到以色列，從事培訓和學術、科技交流活動。所有這些活動都為中以建立正式外交關係打下了良好的基礎。

在中以建交之前來華進行學術和科技交流活動的眾多以色列著名專家中，我講述其中幾位專家的來華經歷和他們對延續至今的中以科技交流所作的積極貢獻，謹以此作為對所有從事中以友好合作和

交流活動的朋友們的懷念和感謝。

波哈雷斯教授的農業和農村發展理論

　　如果說中美建立外交關係始於打破堅冰的「乒乓外交」，那麼中以建立外交關係是以水為媒，破冰之舉是「水務合作」。在中國和以色列的關係發展過程中，水以及與水資源息息相關的農業，或者統稱為綠色產業，自始至終就是一出重頭戲。有關的技術交流和商貿合作活動，貫穿於不同渠道，滲透到各種領域，成為推動兩國關係由原來的隔絕狀態走向正常化的重要助力。執行這方面任務的人員，與其他許多行業、許多專長的人士一樣，是兩國建交的耕耘者和澆灌者。祕密渠道的建立是一九八五年五月的晚春時節，中國華陽技術貿易公司接受「中引辦」指示，準備接待從以色列來的一個九人高級經濟技術代表團，任務是探討中以雙方商貿實業界開展經濟技術合作的可能性。代表團的成員均來自以色列一些著名企業和機構的管理高層，代表團團長波哈雷斯（Samuel Pohoryles）教授是以色列農業部農村規劃與發展局長，成員是塔迪蘭（新型電池）、賽特斯（電子）、歐瑪特（新型能源）、科爾貿易等公司的董事長或總經理。

　　波哈雷斯教授一九二八年生於波蘭，自幼在波蘭上學，後就任該國一座重要城市的經濟主管。他曾多次出訪前蘇聯的一些知名城市如莫斯科和列寧格勒。由於當時世界兩大陣營對峙，他能到之處僅

佩雷斯和波哈雷斯教授

限於原蘇聯東歐集團地區。當年他申請移民以色列，沒有獲得波蘭當局的離境批准，後來多虧波蘭總理親自過問，一九五八年才最終得以離開波蘭進入以色列。到以色列之後，他一直在農業部從事農業經濟研究和農村計劃發展工作，先後與十一位農業部長共事，算是以色列農業和農村經濟領域的元老之一。沙龍任農業部長期間，波哈雷斯教授出任農村計劃和發展局長直至一九九三年。同時，波哈雷斯教授還在特拉維夫大學和希伯來大學任教，是多家國際農業合作機構以及項目的以色列方面負責人，獲得過多項科學榮譽和獎項。自一九九六年起，波哈雷斯教授參加了西蒙·佩雷斯和平協會，負責以色列與阿拉伯國家合作局的工作，並於二〇〇〇年出任協會的副總裁。

中國華陽與波哈雷斯教授的業務洽談友好而富於成效，最終簽訂了共同協議，商定將就更廣泛的經貿課題進一步接觸，內容涵蓋農業、電子通訊、化工、能源等等。波哈雷斯教授後來在自傳中回憶起這段經歷，說當時整個接待過程採取了嚴格的保密措施，既是出於外交方面的考慮，也是為了來訪者的人身安全。

　　代表團在華期間，包括波哈雷斯教授在內的眾多以色列貴客，與中國有關方面會晤，他們介紹了世界範圍的缺水與乾旱狀況，以及以色列的滴灌技術和設備。

　　一九八六年，波哈雷斯教授又作為香港泰東公司（Tai Dong Co.）和美國聖迭哥州立大學(American San Diego State University) 技術合作代表團團長再次率團訪華，進行水利方面的科技交流，考察了中國西北乾旱和半乾旱地區後，他向中國國務院提交了他們的《甘肅省武威地區水利和灌溉系統調整的評估報告》。一九八七年底，中方一個高級經濟技術代表團回訪以色列，這是繼一九八五年以色列代表團訪問中國之後經由這條通道開展的另一項重大行動。中方的目的是要通過實地考察，直接地深入了解以色列的經濟技術發展狀況，為進一步的交流與合作提供紮實可靠的依據。代表團的成員均為國家農村和農業機構的經濟和技術專家，選擇農業作為考察主題既是從需要出發，也是為了盡可能降低問題的敏感性。為了保密，當時代表團借用香港泰東

商行的旗號，成員均以該公司顧問或職員的身分出現，以色列接待方由波哈雷斯教授負責，他的公開名義是特拉維夫大學教授和科技合作代表團團長。

中央農村政策研究室杜潤生主任是當時知名的中國農村改革重要決策人物之一。波哈雷斯教授將他的專著《農業和農村規劃與發展導論》（英文版）一書送給杜先生，並在扉頁上手書道：「中國綠色革命先行者惠存」。這部著作一九九二年由全國農業區劃委員會在北京譯成中文並在中國林業出版社出版。杜潤生主任曾計劃出訪以色列，可惜由於種種原因未能成行。一九九五年，波哈雷斯教授應中國科學技術的最高權威管理機構「國家科學技術委員會」邀請，出席在北京舉行的一次國際農業研討會。參加會議的有來自各個不同國家的最優秀專家，主要議題是中國農業為充分滿足全部人口的糧食需求所必須採取的戰略發展方式。儘管實施節制生育政策，中國人口到二〇三〇年仍將達到約十六億之多。當時主管中國農業的溫家寶也參加了會議。國家科委主任在講話中談到以色列的先進農業技術時說，中國和以色列在農業方面開展合作，對中國將十分有利。近些年，波哈雷斯又完成了他的論著《關於二〇〇〇到二〇三〇年中國農業調整和西部開發的戰略問題》。他在論著中就中國在二十一世紀如何提高農業用水效率和中以合作開發西部地區的前景等提出了建議。

阿莫斯‧尤丹總裁的業績

　　阿莫斯‧尤丹(Amos Yudan)總裁是代表以色列科爾商貿（Koor Trade Co.)公司最早進入中國的先驅。他是首批來華也是至今最為成功的在華創業的以色列商業人士之一。在尤丹先生與中國建立聯繫多年之前，科爾商貿公司是以色列重要的國家企業之一，不僅在歐美發展貿易，也在非洲和拉丁美洲國家的項目上取得成功。一九八六年，科爾商貿公司進入中國時，尤丹先生是公司的代表。後來，以色列駐香港總領事的代表與他商量創建一家公司，通過這家公司與中國商家建立聯繫，促進以色列工商界與中國公司進行貿易。以色列香港總領事採納了這一想法。以色列方面考慮，這家公司不僅開展商貿活動，而且擔當促進兩國政治聯繫的任務。

　　一九八七年十二月我正在以色列農業研究組織（ARO）瓦開尼中心學習水土資源管理課程，尤丹

本文作者和尤丹夫婦在一起

先生告訴我香港一個高級經濟技術代表團訪問以色列，但是，以色列知道代表團實際來自中國大陸。尤丹總裁問我是否參加此次活動，我告訴他我沒有接到參加這次活動的通知。當時中以沒有外交關係，我的日程安排由中國駐埃及大使館通知。後來，我的師友布瑞斯勒教授告訴我他參加了這次活動，他說這是繼一九八五年以色列代表團訪問中國之後經由這條通道開展的另一項重大行動。這正是前面提到的由波哈雷斯先生接待的那項考察活動。整個考察過程相當順利，但到最後一刻卻出了點小問題。代表團臨別前夕舉辦的封閉告別酒會行將結束時，宴會廳大門外來了黑壓壓一大批西方記者，他們手提照相機、攝像機包圍上來。主辦方只好另開後門讓代表團返回駐地，西方記者們沒有獲得中國—以色列接觸的新聞信息。

尤丹的公司取名「嘉比高」(Copeco)，即英文合作開發公司的意思。尤丹先生被董事會任命為總經理。一九八七年公司在香港註冊成立並開始運作。但這一年以色列方面違反雙方的有關保密承諾，我們曾經被迫中斷了交往，提出了抗議。同時另一位重要人物薩爾‧艾森伯格也堅決反對以色列商界多渠道與中方接觸。應該說中以開始接觸的歷史是沿著兩條渠道平行發展的：即艾森伯格主導的軍事技術和波哈雷斯及後來的尤丹主導的經濟和民用技術。在製造業領域，以色列工商企業和科研機構帶著他們的高質量產品和先進技術，也在快速滲

入中國市場。

尤丹先生最初代表的以色列工商業巨頭科爾（Koor Trade Group），無疑對初期中以之間的商貿往來發揮重要作用。中國華泰技術貿易公司和科爾公司一九八八年九月在北京國家圖書館聯合舉辦了一屆以色列技術展示會，這在中以商貿往來仍處於密閉狀態的初期是一個重大發展，將雙方的商貿交流與合作推進到更高的水平。

一九八九年，中國正處於從傳統的計劃體系到市場引導體系的過渡階段。中國政府對國民經濟採取了調整和現代化政策。由於眾所周知的原因，有些國家不理解我們的政策，拒絕參加「一九八九中國國際農業博覽會」，並取消了來華參展和訪問。儘管如此，為了支持我們的工作，尤丹先生和以色列駐香港領事館組織了三十多家以色列公司參加了「一九八九中國國際農業博覽會」，其中以色列丹（Dan）公司的微滴灌系統和賽特斯公司的電子彩色拼版印刷系統都是尤丹總裁首先介紹給我們進行技術交流，再經過尤丹的不懈努力取得了突破性成績。一九九〇年北京塑料製品廠赴以色列考察以色列丹（Dan）公司微噴生產線和普拉斯托（Plastro）公司的滴灌系統滴頭生產線。當一九九〇年我與尤丹總裁在以色列簽署中國—以色列第一個公開微噴生產線合同時，我們都高興得流了淚。經過五年漫長的交流和談判，中國結束了不能自己生產製造所需先進滴灌裝置的歷史。陝西省一家印刷廠的彩色

拼版系統項目，由賽特斯以其領先於西歐和日本的技術而成功奪標，陝西成為中國印刷界最先採用此項世界先進技術的先行者。塔地蘭公司與天津一家電池生產研究單位的接觸最為深入，歷時兩年多的商談富有成效，只是礙於資金未能及時到位，項目還是拖延下去了。天津的高效電池和前面提到的廣西柑橘等一些商業項目最終沒有取得成功，但這些工作對兩國的人員技術交流、對中方了解和吸收代表世界先進水平的以色列技術起到了十分有益的推動作用。

山東青島萊西市引進以色列技術和設備的脫水蔬菜項目是尤丹高效率工作作風的體現。一九九一年秋，尤丹找到我，單刀直入地說：「姚，姜春雲的家鄉山東青島萊西計劃實施脫水蔬菜項目，中國華泰與我們合作完成這項交鑰匙工程。產品出口南韓也是你們的工作範圍。」我們立即趕赴青島，從考察到談判簽約、到生產產品不到半年。 尤丹的在華項目進展很快，在廣東、湖北、新疆、東北三省等地到處留下他的足跡。尤丹曾經對我說：「姚，你們公司的發展條件多好啊！我見到你們在生意面前無動於衷，我太著急。」我解釋說我們除了經濟任務之外，還有其他任務。尤丹馬上說：「我知道你們信仰共產主義，猶太文化教導我們如何創新，中華文化教導你們如何在人生道路上向前進，馬克思也是我們的驕傲呀。」

正是有眾多像尤丹這樣的傑出人士的努力，以

色列和中國的商業關係日臻繁榮。一九九二年建交時兩國貿易額僅為五千萬美元，二〇〇八年時為五十億美元。二〇一二年，兩國的雙邊貿易數字已達一百億美元，預計五年之內還要有更大增長。中國已成為以色列在亞洲的最大貿易夥伴，而且這僅僅是個開始。發展是永恆的，在良好願望、互相信賴和友好關係的大環境下，沒有什麼不可克服的障礙。

　　一九九二年中國和以色列建立正式外交關係，隱蔽真正身分的嘉比高公司也失去存在的必要，從此停止經營。尤丹先生轉而開辦另外一家公司，這是屬於他自己的私人公司 —— 卡默丹遠東公司（Comodan Far East)。公司總部設在以色列，主營業務機構實際設在北京。從科爾商貿公司到嘉比高公司到卡默丹遠東公司任職的變遷，不但記錄了尤丹先生進軍中國市場的成功步伐，而且反映了中以兩國商貿乃至政治外交關係的長足發展。顯然，和有著濃厚政府背景的中國華泰公司建立對口關係，使尤丹先生在中國開展工作處於十分有利的地位。華泰公司的業務活動是在最高當局的指導下進行的。當時，主管國家重大技術設備進口工作的正是後來的國家主席江澤民。尤丹先生告訴我：一九九八年以色列總統威茲曼先生訪問中國並會見江澤民主席時，曾經提到嘉比高公司，江主席不但記得公司的有關情況，而且知道尤丹的名字。尤丹先生在中國工商活動中享有非同一般的待遇，曾在不同場合會

見過中國和以色列政要。在遠東公司的檔案材料中，既有尤丹先生和以色列領導人佩雷斯總統，埃胡德·奧爾默特總理的合照，也可以找到他與中國領導人江澤民主席以及國務院副總理錢其琛、唐家璇和農業部長劉江的合影。尤丹先生利用他所處的這種關係優勢，方便而迅速地接觸到全國各地各領域不同級別的客戶，探索到一個又一個商機，不斷擴大其在中國工商界的影響。經過二十多年的經營，尤丹先生在中國已經成功運營三十多個商業項目，遍及全中國幾乎所有省區。現在卡默丹已是入駐北京商業中心區豪華辦公大樓、擁有數量可觀的員工的一家大公司。它代理著以色列十多家知名企業的中國業務。

尤丹先生總是風塵僕僕但又從容不迫的樣子，和客戶打交道的時候永遠保持著和藹的笑容，讓你感到他是來和你交朋友而不是商談生意討價還價的。當遇到難解的分歧時，他會理性地避開無謂的激烈爭執，巧妙地將問題留待雙方冷靜過後慢慢解決。他可能盡量作出某些讓步，但也善於為堅持自己的利益底線而和你周旋。總之，他不會輕易放過任何一個可能成功的機會。低調可以說是尤丹先生行事和做生意的風格特點，這和他做人的誠意是一致的，生意即使沒有談出結果，也不會不歡而散，最終總會在和諧融洽的氣氛中結束，正如中國俗話所說，「生意不成情誼在」。 因此不難看出尤丹先生在中國工商界何以有這麼好的人緣，他的生意何

以屢屢獲得成功。

傳奇的薩爾‧艾森伯格主席

　　薩爾‧艾森伯格（S.N.Eisenberg，1921-1997）
生於德國，納粹上台以後便流落他鄉，轉輾於歐洲
一些國家謀生，但無著落。後來到了荷蘭，不料納
粹又跟著侵入荷蘭，他只得趕快逃離，於一九四〇
年到達上海，又從上海轉往當時被日本占領的哈爾
濱。他娶了一位日本女子為妻，此後他妻子歸化為
猶太籍。第二次世界大戰結束後，艾森伯格開始經
商。我聽說過有關他經商的一段趣聞，但不敢擔保
全部屬實。據說當時有幾個日本富商手上擁有幾家

大企業，因為擔心財產被占領日本的美國人沒收，於是將這些財產轉到了艾森伯格名下。沒收財產的危險是渡過了，不過財產歸在他的名下，他完全可以不顧財產本來不屬於他的事實，將其據為己有。但他為人誠實，最後還是把全部財產歸還了日本原主。日本人對他感激不盡，作為報答給了他一筆巨款，又交給他好些生意上的關係，使他得以同日本、美國、韓國、印度等國的公司做上大買賣。他逐漸成為日本、韓國和歐洲各國之間貿易的風雲人物之一。一個逃亡到中國的分文全無的難民，一躍而成為億萬富翁。艾森伯格是在二十世紀八〇年代初期比波哈雷斯稍早進入中國的猶太人，不過他的興趣是做祕密的軍工交易。傳聞他開始同中國做生意時，大多數買賣都是軍火。有關他涉及國防軍工生意的詳情，一直秘而不宣。根據各家不同報刊披露，艾森伯格於一九七九年第一次非常祕密地進入中國，他乘坐的是自己的私人飛機，隨行的以色列代表團由軍工界的重量級人物組成。在第一個代表團之後，又有其他代表團訪華，結果促成中國和以色列軍工方面的合作。我要強調，這些訊息是我從不同媒體上收集整理而成的。依我來看，艾森伯格的另一類業務更為重要，也更值得注意。他在中國設立了煉油廠以及一家農業發展公司。毫無疑問，這是推進兩國關係的重要因素之一。艾森伯格自詡為促進中國—以色列兩國關係立下了汗馬功勞。的確，在以色列大眾看來，艾森伯格無疑是推動中以

艾森伯格在上海浦東簽署合作協議

關係發展的先行者之一。

自從新中國成立以來，中國人聽說最多的猶太商人大概就是艾森伯格先生了。他搭建了以色列軍事工業與中國同業溝通的橋樑。據媒體透露，通過艾森伯格與中方達成的交易總金額達四十二億美元之多。以色列高科技產業培養出了成百上千高科技工程技術人員，他們掌握空氣動力學、航空電子學、計算機和電子科學方面的尖端技術知識和大量經驗，艾森伯格介紹了許多才能卓著的專家與我國科技人員交流，促成以色列眾多在世界上居於領先地位的航天和軍事製造廠家與我們簽訂多項採購協議，幫助我國高科技工業的持續發展。這類輔助系統的發展，亦有助於以色列高科技工業推動民用安全、電子、計算機硬件和軟件以及互聯網領域的發展。

一九八七年我在以色列讀水土資源研究課程期間，薩爾·艾森伯格曾和我談過他的對華貿易進出口導向理念，他說以色列資源匱乏，人們想達到西方的生活標準的唯一辦法是融入全球市場。國家採取的一系列政策和措施起到了積極推動科技事業發展的重要作用，其中包括：建立全國範圍的國家縱向和行業橫向科研體系，吸收大批移民英才，融入世界經濟體系和加強技術出口。從某種意義上講，發展軍事技術也是經濟的需要。以色列的國防預算不足以維持其軍事優勢，一個出路就是發展出口，同時進口必要的戰略資源。艾森伯格無論在軍事或

民用高科技出口方面均非常成功。

隨著全球防禦市場的萎縮，依靠軍事高科技工業發展轉向民用的軟件、通訊、成像、過程控制等方面的民用通用技術用途日益重要。例如由於需要較好的夜視設備，可以促成地方工程師在成像處理領域裡得到訓練，最終建立以色列有關高科技公司。以色列本國市場很小，民用產品出口至關重要，這更進一步刺激技術優勢的保持，特別是在一些不受注意的行業如網絡安全、經營決策、賬務管理乃至醫藥。以色列從國家控制的集中和保護主義經濟體系過渡到自由市場經濟的結果是，一些傳統工業如紡織業開始消失，退出低成本的海外競爭。以色列今天的服裝大部分從中國進口。這樣的過渡究竟要走多遠和多快，一直爭論不休，但是毫無疑問，享有相對優勢的高科技，依然是以色列經濟發展的主線。

我和艾森伯格有過私交，我尊敬並讚賞他的為人。一九八七年我在以色列讀研究生期間，以色列農業部首席科學家沙和偉教授通知我：以色列國家工業總公司總裁艾森伯格想約見我談一談農業和農產品的工業加工問題。校方認為這是課程的內容之一，委派我的班主任沙令格（Dr. K.M.Schallinger）教授一同參加。看來校方接受了上一次我婉言謝絕參加香港代表團活動的經驗，促使我一定參加。我與艾森伯格的會見十分融洽，我們似乎一見如故。談的話題大家都喜歡，臨別時艾森伯格先生說，下

一次的見面我派車接你，談一談你的學習感受和我的建議。一到週末，他常接我去外面參觀、考察、聊天。有一次談到外國公司如何在中國的土地上站住腳跟並獲得迅速發展，他說：「外國公司要想到中國內地經營，必須找到當地一家中國公司作為合作夥伴，找準對口的項目，適合中國的技術和設備和項目的執行人。」他建議我考慮一下能否畢業後到他的公司任職。我猶豫一下說：「交個朋友吧，我是公派留學生，回國後還要看國家的安排。」他笑著說：「好，做朋友吧。」從此，直到他在北京去世，我們一直都是很好的朋友。

一九八九年之後，一些國外公司、商社不願意搬到剛剛建成的中國國貿中心辦公。經貿部的領導找到我說：「聽說艾森伯格和你有私交，你能不能動員他來國貿辦公？」我約艾森伯格一談，他便爽快地接受了我的建議，由北京飯店遷到國貿大廈辦公，同時動員了他的合作夥伴日本的日綿商社等一起到國貿辦公。後來，他決定遷到富華大廈，開展內蒙古、青海項目，辦理他的專機降落，都正式行文邀請我參加。

可以說，艾森伯格先生樹立了以色列猶太人在中國經商成功的範例。話說回來，艾森伯格和中以雙方國家領導人的良好關係及與高層接觸的機會，與其說是他事業成功的秘訣之一，倒不如說是對他出色的商業能力的一種獎勵和回報。艾森伯格先生的成功，最根本還是仰賴於他自身的才智和努力，

靠他有一支勤勞有效的員工隊伍。艾森伯格將一生的大部分精力獻給了對華貿易事業，一九九七年在一次貿易訪華期間，艾森伯格先生心臟病突發，病逝於北京的麗都飯店。

二○一○年以來，我參加了艾森伯格農業設備有限公司在天津、新疆、海南等地的現代化溫室建設工程，並一直以顧問的身分參與艾森伯格農業設備有限公司的商務活動，至今保留該公司高級顧問的頭銜。

布瑞斯勒的貢獻

一九八七，伊斯海爾·布瑞斯勒（Eshel Bresler）教授作為聯合國開發計劃署的專家訪問了中國，他來到甘肅和河北省，提出了改進農村用水效率的意見。他參觀了中國水利水電科學研究院，走訪科研生產聯合體和該院直接指導的遵化燕山滴灌設備廠。他將以色列灌溉技術介紹給中國，並將他剛剛完成的論著《滴灌設計手冊》親自署名後，送給了當時主持國家星火計劃課題項目的我。我們按照引進、消化、吸收、提高的原則，學習研究了《滴灌設計手冊》的內容。我還將該手冊從英文翻譯成中文，一九九九年由中國農業出版社出版。

布瑞斯勒教授當時是以色列農業部農業研究組織──土壤與水資源研究院院長兼土壤所所長。他很高興地自我介紹道，他生於一九三一年，自幼成長於以色列的集體農莊基布茲。「基布茲」農莊在

希伯來語中意即「團體」，在這裡，人們共同生活
與工作，是一個沒有競爭的社會團體，所有財產歸
集體共有，社會建立在法律面前人人平等的基礎之
上。他告訴我他就讀於以色列耶路撒冷的希伯萊大
學，主修作物灌溉和土壤科學，獲得了理科學士和
碩士。二十七歲時，他進入以色列農業部農業研究
組織技術服務機構，作為灌溉專家工作了十年左
右。一九六八年，他在美國科羅拉多州立大學完成
博士學位後開始了科學研究生涯。

　　我受中央引智辦和國家科技部的派遣，於一九
八七年在以色列學習水土管理課程時，伊斯海爾·
布瑞斯勒教授安排時間，組織我和祕魯、日本學員
參觀了他出生的基布茲農莊，使我們了解了以色列
的人民，它過去的歷史，以及現在的活力發展。他
和我的課程班主任沙令格教授介紹我去會見以色列
國家產業聯合（U.D.I.）有限公司總裁艾森伯格，

一九八七年，本文作
者（左二）在布瑞斯
勒（左四）的家鄉。

希望以色列的企業界能與中國水利專家合作發展節水型農業和創建節水型社會。

　　布瑞斯勒教授為了使我了解以色列，盡量安排我多看一看。死海是深受歡迎的旅遊勝地，位於海平面以下四百一十二米，是地球表面陸地最低的地方。全世界凡是到以色列訪問的人都喜歡到此遊覽。布瑞斯勒教授除了安排我的課程外，特意在我的實習考察訪問日程表上把死海列上，而且擺在首位。他還告訴我為什麼應該參觀死海。除了按教科書中的內容介紹死海外，他想談一談他自己對死海海水的獨特成分和高含鹽濃度的見解。布瑞斯勒教授說他曾經與本-古里安大學共同研究過死海的水質，研究的工作內容涵蓋死海的形成、現狀與未來，及其與生態、環境、旅遊、農業和工業等領域的關係，參與有關科研項目的發起、推動和項目投資。所有的研究活動，都得益於死海的環境保護，包括太陽的光譜分析，以及死海在氣候、地質、水文和生態方面的獨特優勢。布瑞斯勒教授還告訴我：死海的沉澱物塗在人身體上，經過陽光的紫外線照射後，有治療皮膚和眼科疾病的功效。此外，對心臟和肺部疾病也有治療作用。所以說，以色列「AHAVA」品牌的各種護膚膏非常受人青睞。後來我回國的時候也帶上幾瓶 AHAVA 護膚膏送給我的朋友。

　　中以建交後，凡是去以色列訪問的團組，在以色列期間大多安排參觀死海，中央電視台還曾播出過有關死海的特別節目，代表團成員到死海游泳，

留下了在死海水面上躺著看報的悠閒影像。

　　布瑞斯勒教授還告訴我：「以色列科技事業的發展和成就取決於她強大而優秀的人才資源。她擁有教育程度高、富於創造發明能力和進取精神的人民。從人口比例來看，以色列擁有工程師人數以及科技論文發表數量高過世界上任何其他國家。以色列每萬人有工程師一百三十五名，美國為八十五名。我特別記得有一次，我到他家做客的時候，他也約了他的幾個好友參加，他說：「我一九八七年作為聯合國計劃署專家去中國的時候覺得，過不了三十年她就會成為世界的強國。」我問：「為什麼？」他說：「我親眼看到這個國家的無窮發展潛力。我一直在夢想，我們總會有一天和中國在節水項目上開展合作，這就是猶太人最熟悉的領域——水。我相信，我們猶太民族和中華民族將為世界各國作出許多貢獻，同時我們與你們的合作將會獲得

一九七八年，本文作者（右一）和沙令格教授（右二）在基布茨聯歡。

巨大利益。」他講的好像是一種預言，而後來的現實正在逐步證明他的分析判斷不無根據，至少我們兩國在水的領域裡的合作取得了極大進展和成效。

一九九一年四月二十一日，布瑞斯勒參加了「首屆中以兩國水利用效率研討會」。在研討會上，作為執行主席，他成為明星主持人。會後應中國扶貧基金會主席項南的邀請，由扶貧基金會孔璨東秘書長陪同沙和偉領隊和布瑞斯勒教授的代表團赴河北省保定地區，指導河北省太行山區和燕山山區的灌溉技術。四月三十日，布瑞斯勒教授返回北京參加「五一」國際勞動節的中山公園遊園活動。在他的駐地北京建國飯店，一九九一年五月一日九時，布瑞斯勒教授因心臟病突發，安靜地離世。他在中國的工作中度過了他平凡而偉大人生的最後十天。我們聽到他突然故去的消息，非常悲痛。我們會記住伊斯海爾‧布瑞斯勒教授在水土管理領域對全世界作出的巨大貢獻，尤其會記住他為中以兩國同行之間的友誼與合作所作出的巨大貢獻。他身後留下的豐厚科學成果遺產，將為我們所用。

詩羅莫‧阿莫尼的講座

一九八八年十月二十三日到十一月六日，詩羅莫‧阿莫尼（Shlomo Armoni）教授在陝西楊凌向中國的華北、西北十九個省區的水利科技工作者，做了題為《微型和滴灌工程技術——中國節水農業重要因素》的講座。國家外國專家局、中國華陽技

術貿易公司、水利部國際科技合作司和甘肅省政府共同參與並作了周密的安排。講課前，我專程去香山飯店向正在開會的水利部楊振寧部長作了匯報，他特意叮囑我：要按中央指示做好對外保密工作。當時阿莫尼教授以香港亞洲貿易公司（Astraco-Asia Tradeing Co. H.K.）水利專家的名義來華講學，持以色列護照，另紙簽證入境。

「另紙簽證」的特別許可方式是中國華泰總經理在華陽工作時，為解決以色列塔迪蘭公司的有關人員拿到簽證問題創出的辦法。簽證是以色列人進入中國內地的關鍵。沒有外交關係，當然不能持以色列護照取得簽證；不少以色列人持有其他國家護照，比如美國、新加坡等國家護照，但只要上面標明持有人是以色列籍，取得簽證亦非易事。而在精明的猶太生意人看來，沒有最終與客戶直接對話，沒有對相關商業環境的實地了解，談成生意簽約那是根本不可思議的事情。香港曾是以色列商業人士遙望中國內地巨大市場「望洋興嘆」的地方。

一九八六年以色列商人應邀到香港與來自內地的中國華陽公司代表接觸，就曾抱怨說和中國難做生意，因為拿不到進入中國的簽證。事後中方代表聶松女士問他們要名單，她說：「請告訴我，你們哪些人需要進入中國，我想辦法。」不久持以色列護照另紙簽證入境就得到海關的認可。隨著與以色列交往的不斷升溫，以色列開始成為中國華陽公司的一個重點工作方向。一九八八年為執行此項任務專

阿莫尼教授在陝西楊
凌講學發

門成立了中國華泰公司並在香港設立分支機構，受
權組織和協調有關活動。從此形成一條經由香港連
接以色列和中國大陸的祕密經貿和技術交流通道。

　　阿莫尼教授在陝西楊凌的講座就是通過以色
列─香港─中國大陸祕密經貿和技術交流通道安
排。阿莫尼教授在微灌技術上是世界頂級的專家，
出版的灌溉專著被印成許多國家的文字。雖然年過
七十，但他對周圍一切他關心的人和事都會提問。
我們的汽車行駛在從西安到楊凌的公路上，路過一
個集鎮，汽車被趕集的農民自行車堵住，他問我：
「中國擁有多少自行車？」我說差不多五億輛，全
國平均每兩人有一輛。他說：「中國人是聰明的，
應該使用自行車，無愧『自行車王國』的稱號。要
是像以色列每個家庭有兩、三輛轎車，會形成交通
更嚴重堵塞的尷尬局面。」順便提一下，我們邊走
邊聊，他說得讓我最難忘的另一個問題是人口問
題。他說道：「我到你們國家之前，特意閱讀了一

些資料，研究中以兩國不同的人口政策。中國政府一九七五年決定實行計劃生育政策。儘管實行這一政策，中國現在人口依然有十億。中國人的家庭長期以來一直以多子多孫為福，實行計劃生育對你們的傳統文化價值觀來說是一場革命。中國人家庭子孫滿堂，母親是家庭的核心，這和猶太人母親在家庭中的地位頗為相像。」阿莫尼教授的話題一轉，他說：「當然我贊同這樣的政策，但實行一家一個孩子的辦法會帶來一個後果，那就是對孩子嬌生慣養。獨生子女周圍沒有兄弟姊妹和他競爭，不但有父母雙親而且有四個祖父母圍著轉，要什麼給什麼。這樣一代人被寵壞了，他們以為天生什麼都能得到。」我說現在許多父母很清楚下一代孩子必然會嬌生慣養，因此特別注意讓他們的獨生子女參加社會活動。我們在聊天中不知不覺地到了目的地楊凌。當時陝西楊凌的生活條件差，為了講課方便阿莫尼教授和學員住在一起，他的房間在三層，也沒有熱水管道。但他毫無怨言，以飽滿的熱情講課，解答學員的提問。

在他第二天講學的開場白中，詩羅莫·阿莫尼教授用希伯來語說：「Shalom! Shalom! Toda raba!」（你好！謝謝！）開始了他的一週課程。這個培訓課程計劃意在加強科學研究合作，採用發展節水型灌溉農業的方式以提高中國農產品品質和產量。阿莫尼教授希望中國與以色列建立外交關係之後，我們能在科技交流和經濟交往方面建立起廣泛的合作

關係。

在講座過程中，他談到了許多問題，如水法，水權，水價，水稅，一些歷史和宗教地點，如耶路撒冷、死海、約旦河、莫沙夫、農莊等等。在詩羅莫·阿莫尼教授離華回以色列之前，他給我留下了他的論著《Dan 微噴設計手冊》，他建議我們從以色列 Dan 微噴公司引進生產線到北京，用以生產 Dan 微噴設備。一九九○年四月二十一日，在國家外專局領導下，中國華泰技術貿易公司(HT)和以色列嘉比高（Copeco）簽訂了中國與以色列的第一個技術引進合同，引進以色列丹公司（Dan Sprinkler Co.）微噴生產線到北京。現在全中國各地的城市綠化草坪、廣大農村的設施農業溫室、家庭院落花房、都能見到我們的引進成果。國家「十五水利規劃」又將我們的引進節水技術成果消化、提高和國產化，使其成為我國獨立自主的知識產權。

詩羅莫·阿莫尼教授從陝西省回來後，我們為他安排的是一份豐富而又緊湊的三天日程表：外賓只要來到了北京，有三兩件事是非辦不可的，那就是吃北京烤鴨、登長城和進紫禁城——那怕你只是留宿一夜的匆匆過客。當日下午遊覽長城，阿莫尼教授引用毛主席的詩詞說：「我想當好漢，『不到長城非好漢』。」一口氣登上頂峰，他很高興。晚上我們吃北京烤鴨後，考慮到他去首都機場方便，便安排他住在離機場較近的北京佳麗飯店。

不過這一次最令我感到意外和驚訝的是進了房

間後，他很生氣說：「這飯店的條件差，我不想住這裡，調一下賓館。」我說，房間有衛生間、有暖氣、冷熱水齊全、自助早餐，比楊凌的條件好多了呀？他說：「姚先生，楊凌各方面的物資供應情況差，但我體會到，他們邀請我去講學訪問，用最大的努力照顧我。為了我能用熱水，三位服務員小姑娘日夜值班從一樓向三樓提水，我的房間外總有七八個保溫壺和兩名服務員為我服務。他們的行動感動得我流淚。但是這裡是北京，有好多五星級賓館，我希望住在北京條件好的安靜的賓館。」我馬上將這一情況匯報了我的上級領導。上級問我他是否有其他惡意。通過近十天的接觸，我得出的判斷是：他是個友好、直率、好強、執著的猶太科學家。上級立即指示：調換賓館。

第二天上午，他在下榻的燕翔飯店洗漱完畢，我們的小轎車和陪遊人員已經守候在門外，我問他：「新調換的賓館滿意嗎？」他像小孩子似的笑著說：「非常滿意。」我陪他遊覽了天安門廣場、頤和園、明十三陵等地。第三天帶上行李參觀故宮紫禁城，然後直奔機場，結束他的在華行程。我們從故宮南門出來，他見到景山後說：「上！」不等我解釋時間不多了，就徑直向景山的頂峰跑去。他似乎向我們證明他是多想了解中國。阿莫尼教授當時已經年過花甲，登上景山後，在山頂向南久久凝視故宮，他又向北遠望。他問道：「北京中軸線北面的高大建築物是何地？」我告訴他，那就是鼓

樓。他連忙道：「謝謝！下次去吧。我們下山，去機場吧。」

我目送他走進機場登機口，忽然他扭轉回身，邊走邊從他的手提箱內掏出一本書說：「這是我的最新版本的著作《微噴灌溉技術手冊》，正在再版，我的第二版校正勘誤表夾在書內，請你參考。」我見他眼中閃著淚花說：「感謝你這些天對我的關照。我會盡快把我對中國發展微灌的建議給你。」一週後，我收到了他從香港發給的我的《中國之行報告》。截稿日期顯示原來他在北京燕翔飯店通宵寫他的報告。一年多後，以色列 Dan 微噴公司與中國簽署了中國—以色列的第一個技術引進合同。

農業專家阿龍‧巴爾在中國

儘管櫻桃西紅柿已經廣泛地出現在中國人的餐桌上，並在中國各地種植，然而只有極少數人知道誰是在中國種植這種櫻桃西紅柿的先驅。他就是以色列農業專家阿龍‧巴爾（Alon Bar）先生，一九八八年，他開始在廣東省中山市發展這個項目。對許多以色列人來說，中國是另外一個世界，遠在天邊。生活在以色列的人，主要來自俄羅斯、波蘭和其他東歐國家以及北非的穆斯林國家。阿龍‧巴爾的家庭是來自俄國的伯恩斯坦家族的後裔，十月革命前，沙皇俄國局勢動盪，舉家遷到巴勒斯坦。在以色列，「阿龍巴爾」就是巴勒斯坦的諧音。阿龍‧巴爾的父親是以色列的民族英雄，幾次中東戰

爭中為國家立下汗馬功勞，以色列政府授予他「終
生飛行員」的稱號，直到二〇一一年八十三歲去
世，還駕駛飛機工作。然而在以色列出身顯赫的阿
龍‧巴爾偏偏熱愛農業。從一九八八年來到中國一
直到現在，他都為中國—以色列的合作而奔忙。

　　阿龍‧巴爾剛來時，從中國到以色列沒有直線
聯繫，我們通過美國、德國、香港以及新加坡等祕
密渠道聯絡以色列。魯文‧麥哈夫先生當時是以色
列駐香港總領事，後來他成為以色列外交部總司
長。一九八七年香港和新加坡每年從美國進口數百
噸的西紅柿，質量一般，價格昂貴；香港和新加坡
同時還從中國進口西紅柿，質量下等，價格低廉。
我們在分析了這個形勢後，一致決定從提高以色列

阿龍‧巴爾（左）和
中國友人在一起

櫻桃西紅柿和易貯存西紅柿的種植合作開始。我們決定在中國廣東省建立第一個中以農業合作項目。

領事麥哈夫先生介紹的阿龍・巴爾先生是一名農業專家，對種植西紅柿項目有著廣泛的經驗。一九八八年，以色列專家阿龍・巴爾先生為開展本項目付出了艱辛努力。他全家五口人從以色列遷到中山市，並在此生活了近兩年。為了更好地工作，阿龍克服了許多困難，還快速地學習了一些中文。中國的生活和習俗與以色列大相逕庭，他不得不學習中國的生活和文化方式。他的三個孩子當時分別為五歲、八歲和十二歲，全家住在當地的普通居民樓的一套公寓裡，沒有電梯，地面是水泥做成的，條件較差。公寓靠近中山市農業委員會，而學校遠在澳門，他們在很長時間裡沒有轎車，只能騎車或乘公交車。阿龍有著許多支持者，他們既有各級官員，也有普通中國公民。一九八八年春季，阿龍到中國僅三個月後，他種植的西紅柿即在試驗田獲得了成功。現在中國已經成為以色列櫻桃西紅柿和以色列保鮮期長易儲存西紅柿的最大出口國。中以合作種植的新的西紅柿比來自美國的西紅柿質量更好、更新鮮，它的價格是以前從中國進口西紅柿價格的十倍，是從美國進口西紅柿價格的一點五倍。在這兩年間，他同農場職工一起出入田間勞作，在中國結識了眾多好朋友，其中有些在十九年之後的今天依然與他保持著聯繫。合同期滿後，阿龍又開闢了印度市場。這個項目帶動了中國「菜籃子工

程」，現在著名的以色列櫻桃西紅柿在中國已生根發芽，它並不侷限於中國南方，後來很快在北方獲得了更大發展。以色列哈謝拉種子公司的優質品種和先進栽培技術，在廣東省中山市獲得商業上的成功。中國華泰公司聯合當地農場和以色列哈謝拉公司建立一家西紅柿合資企業，在中國首次開發生產櫻桃西紅柿。這種西紅柿肉質上乘，果型和色澤漂亮，能自然保鮮三週之久，立刻贏得業界和市場的青睞。產品以「紅美」品牌外銷香港，十分搶手，出口價格相當於內地普通西紅柿品種的三到四倍，首次為中國內地果蔬搶占香港高檔市場打開了一個缺口。

一九八九年阿龍又在廣東一塊試驗田裡種植了以色列二十六個西紅柿品種，使用以色列和中國的綜合技術，建立了一個包裝車間，並生產出漂亮的包裝材料。同時，他還去了香港，在以色列駐香港領事的幫助下，接觸並說服了主要超市連鎖店的採購經理，一些商店和幾家日本超市開始購買阿龍種植的完美的中以合作農場生產的西紅柿。在此之前，香港超市的採購經理都是英國人、美國人或日本人，他們只從美國、歐洲購買西紅柿。當他們知道以色列在中國種植的西紅柿的優點後，開始從中國華泰訂購櫻桃西紅柿。

一九八九年我們也通過國務院引智辦，將合作產品寄給北京中南海的中央領導，並通過以色列駐香港領事寄給香港的多名議員和公眾人物。經過討

論，我們安排當時以色列駐香港總領事於一九八九年四月第一次訪問了示範的以色列項目。在實驗成功的基礎上，我們擴大了生產，繼中山之後又在珠海建立了第二個農業出口項目，並於一九九〇年在深圳和廣州建立了同樣的項目。今天，以色列櫻桃西紅柿、易貯存西紅柿的種植在整個中國已迅速發展並家喻戶曉。

阿龍・巴爾現在是以色列亞洲集團主席，在廣泛領域從事經營業務，與中國在金融、安全、醫療、控制與通訊、能源、水處理、食品、農業等方面進行合作，並在中國大規模地建立了農業種植園。二〇〇五年我一退休，他就聘請我到他的公司當技術顧問，我們一直到現在都保持友好交往。二〇〇七年八月阿龍的長子易福得（Mr. Iftah）從法國學習釀酒專業畢業後也來到中國。他親自來到我家，並回憶起他在中國生活的美好童年，表示願意繼續開展中以技術合作工作。現在他北京朝陽區的使館區有自己的酒莊業務。

約瑟夫・沙和偉博士與中以培訓中心

一九九〇年三月的一天，約瑟夫・沙和偉 (Joseph Shalhevet) 博士剛到北京，就打電話告訴我：他開始在中國擔任以色列科學與人文研究院駐北京聯絡處主任。第二天，中國華泰公司的總經理唐建文就通知我：公司設宴在前門飯店宴請沙和偉一行。從此我們的師生關係又罩上了一層工作關係。

週末，沙和偉博士常約我去他辦公室教他中文、談家常、聊水利、論科技，我們常常中文英文一起說。一九九○年四月，沙和偉在北京凱賓斯基飯店舉辦的慶祝以色列國獨立四十二週年招待會是他任職後的第一次大型活動。他邀請我和許多朋友參加，參加者分別來自國家外專局、稅務局、技術監督局等。在演講一開始，他就用我教他的漢語說道：「千里之行，始於足下。」然後用英語說：「這是我在中國萬里長征的第一步。」雖然漢語講得很生硬，卻獲得了一片歡笑和掌聲，一下拉近了當時不太了解以色列的參會者與他的距離。他的夫人會後對我說：「你教他這句話，他在家練得我也會說了。」沙和偉又一次說：「姚，我夫人迷上了中國太極拳，你能幫她請一位太極拳教練嗎？」不久我從北京市體委請了位女教練，一直教夫人太極拳。

一九九○年五月二十九日，按照「國引辦」83號文件精神，我陪同沙和偉和以色列耐特菲姆（Natfim）的專家巴拉克（Barak）赴河南新鄉和山東

禹城等地講學。在火車上沙和偉認真地和我說：「中國是個世界大國，資源豐富、人民奮發圖強，同時也有著許多需求。最重要的是，她要不停地為改善本國十億多人口的生存狀況而奮鬥。以色列國把中國視為至關重要的夥伴，我們同美國、俄羅斯以及歐洲國家的關係都沒有與中國更重要，我們應共同致力於打造未來。我們和中國有許多的共通之處，我們不可錯失良機。我相信，中國向我們伸出的友善之手，必將進一步推動雙方為合作竭盡努力，給雙方帶來利益。」我毫不懷疑這是他準備已久的心裡話。我深信一定會看到越來越大的中以合作的進步與發展。前面談到，經過二十世紀八十年代的多方接觸，雙方政府達成一致，在開展科學家交流和科學院合作的基礎上發展雙邊關係。一九九〇年四月，以色列自然和人文科學院的聯絡處在北京成立，沙和偉應該是中以關係劃時代的人物。

沙和偉教授是國際知名的水土專家，他曾參與過多項國際研究活動，主要涉及使用鹽水生產糧食、廢水淨化等重要課題。沙和偉教授在擔任這個職務之前，曾長期從事科學研究工作。他在美國取得博士學位，專業是土壤科學、肥料和水。回到以色列以後，沙和偉教授進入以色列國內最高級的農業研究機構「沃康尼農業研究所」從事科學研究，不久便提升為所長。以色列政府任命他擔任這個職務之後，有科學家寫信給政府說，「我們十分高興，應當說，政府的這項任命是選對了人物、職務和時間。」一九九〇

年，他調任以色列科學院駐北京聯絡處主任，這個職位在當時相當於大使級。科學院聯絡處主任的職務，對中以兩國來說都非常重要，因為在當時它事實上是兩國之間的唯一官方接觸渠道。沙和偉教授算是以色列派駐中國的第一位官方代表，沙和偉教授也就等於是「以色列首任駐華大使」。

一九九二年中國和以色列正式建交，科學院聯絡處撤消，沙和偉教授改任以色列駐華大使館科學和農業事務顧問，後來的正式頭銜是「以色列駐華大使館首任科學和農業公使」。他在中國擔任科學院聯絡處主任期間，曾於一九九一年四月二十一日與中國華泰等單位共同組織並出席了首屆「中以兩國水利用效率研討會」，並不斷致力於推動他心中的三大任務——建立中以農業培訓中心、中以示範農場和中以示範奶牛場。現在這些任務已經由他本人和他的繼任者順利完成。在成功地舉辦第一屆研討會之後，約瑟夫・沙和偉博士訪問了河北省，考察了該地區高效灌溉的發展。

我在以色列學習期間，沙和偉教授是院長，他正式以書面的形式授權我翻譯《滴灌設計手冊》。這給我機會經常同他探討許多專業問題，他擔任科學和農業公使職位時，他的經驗和知識曾經給我不小幫助。一九八七年我在以色列學習的時候，他就經常詢問我有關中國的農業和科技的情況。

一九九一年四月三十日是約瑟夫・沙和偉博士六十壽辰之日，根據中國習俗，我們在晚餐為他準備

了長壽麵。他興奮地告訴我們一個好消息，他將在次日上午去北京中山公園參加「五一」節活動，這在當時意味著中以雙邊關係得以提高。我們很高興地談到將來的合作。他說：「以色列滴灌初期是布拉斯一九七一年做出的，最早是在花園，而後在果園和農作物地實施，滴灌區域在後幾年顯著增加了，水管理意在使農場主的淨利潤最大化。隨著全球水資源短缺，目前節水型社會建設已成為全球的任務。」

坦誠地說，在中以兩國開始接觸和交往之初，中國方面看重的是引進先進技術和管理知識，而以色列方面更希望獲得政治外交上的好處，打破它在世界上相對孤立的狀態，給外部世界一個印象，似乎中國這個舉足輕重的大國開始和以色列建立正常關係了。保守祕密和洩露消息，一直是雙方的一種博弈。儘管有實行保密的鄭重承諾和約定，中以雙方的祕密接觸還是不斷有消息走漏出去。沙和偉教授以他的智慧和執著精神，克服通往中國道路上的各種障礙和重重困難，為了兩國利益付出了辛勤努力，為中以兩國關係的發展作出了寶貴貢獻。

沙和偉博士表示在他的職業生涯成功之後，希望中國將與以色列建立外交關係。當我們正共同努力實現這些目標時，中國於一九九二年一月二十四日與以色列建立了外交關係。

姚振憲

（水利部中國灌溉排水發展中心原總工程師）

戈壁上的探戈

兩個舞者

「到以色列的朋友們到這邊集合啦！」烏魯木齊國際機場的候機廳裡，一個導遊揮舞著小旗，他洪亮的喊聲蓋過了大廳裡的嘈雜，或坐或站的候機者們中間，就有一些男女老少走向他並排成了一隊。他們是參加「以色列十二日經典之旅」旅遊團的遊客。烏魯木齊-北京-特拉維夫……他們需要飛行十五個小時以上。

新疆，中國最美麗、最神奇的地方。人們說：天山的冰雪啊喀納斯的神話，羊肉串的下面啊躺著香饢；走入百里戈壁灘，就能看到遠方千年的胡楊；在誦頌《古蘭經》的聲音裡，葡萄和哈密瓜熟了……

新疆是古絲綢之路最重要的節點之一，這條交通網絡的另一個端點，是地中海沿岸。在近兩千年的歷史中，它一直是東西方商品和思想交流的重要渠道。就是在今天，它代表的不同民族、社會和文化的交流價值還被東西方社會共同尊重著。只是今天，人們不但走在這條陸路上，還乘飛機飛行在這條路的上空。

面積占中國總面積的六分之一的新疆，處在亞

在生存環境方面,新疆和以色列有著很多相似的地方。

歐大陸腹地,氣候乾燥少雨,年均降水量一百四十五毫米,只占全國總量的 4.0%左右,而且能形成可供利用的徑流量僅為 0.06。河流和地下水資源時空分佈極不均衡,又受季節因素影響,地表水蒸發量大,致使一些地方水資源嚴重不足。

新疆種植業用水主要靠高山積雪,所以,新疆的種植業屬於灌溉農業。

新疆的沙漠、戈壁面積占中國沙漠面積近60%，占新疆總土地面積的四分之一。

以色列是古絲綢之路最重要的終點之一。說起以色列，人們會想到沙漠和死海。 以色列國土面積的一半以上屬乾旱和半乾旱地區，是全球最乾旱的國家之一。

以色列雨量分佈極不均衡，北部較為充沛，但南部只有二十五毫米。全國僅有五分之一的土地適宜農業耕種，其中有一半必須依靠灌溉。

在生存環境方面，相隔萬里的新疆和以色列有著很多相似的地方，這讓新疆人對以色列有著一種天然的親近感。

為了減少高山雪水的蒸發流失，新疆人發明了坎兒井。千百年來，以坎兒井為代表的農業灌溉技術，讓新疆的種植業像沙漠中的綠洲一樣保存和發展。而以色列發明和利用現代農業節水灌溉技術，在耗水量基本不變的前提下，五十年來農業產量增加了十二倍。

在歷史這一最客觀的觀眾面前，在各自的經濟文化的舞台上，新疆和以色列都是出色的舞蹈者，他們都以自己獨有的美感散發著十足的魅力。

從猶太人通過絲綢之路到達新疆並進入中國腹地開始，到一九九二年中以正式建交以來，以色列和新疆的交往就從來沒有停止過。

西蒙‧佩雷斯的「請」

　　天山北麓、準噶爾盆地南緣是新疆維吾爾族自治區昌吉回族自治州的地界，昌吉市是它下轄的最大城市。它和烏魯木齊國際機場相隔十八公里，是「絲綢之路」新北道的必經之地。新疆農業職業技術學院就坐落在這個城市裡。校園內綠樹成蔭，鳥語花香。在占地六百畝、建築面積十五萬平方米的校園裡，那座近一萬五千平方米的實驗、實訓大樓格外引人注目。在呼圖壁，她還有占地三千多畝的東泉校區。

　　二〇〇二年之前，這所學校還不知道它將和古絲綢之路終點上的一個國家產生那麼親密的關係。

　　二〇〇二年三月二十四日到二十六日，應中國外交部長唐家璇的邀請，以色列國副總理兼外長西蒙‧佩雷斯對中國進行了正式訪問。在他隨身攜帶的重要文件中，有一份重要的建議書。這份建議書的中心內容，是建議由以色列政府出資並派出技術人員，幫助中國在西部一個乾旱省份設立示範農場。

　　毫無疑問，當他把這份建議書遞交給中國的領導人時，所表達的，是以色列希望和中國建立一種更為親密關係的意願。當然，這種意願中也包含著以色列希望在中國的農業領域開拓市場的目的。西蒙‧佩雷斯的建議，是以色列向中國伸出的邀請之手。

　　也是這一年，在中國擔任以色列農業發展公司

總經理的亞伯拉罕·奧爾默特榮任以色列駐華科技和農業公使。

得到任命前，他曾向以色列外交部提交了一份報告，報告建議在中國西部一個乾旱省份設立示範農場。他在建議書的前言中說：「中國缺水問題非常嚴重，西北地區尤甚，而我國在這方面擁有豐富的經驗和技術，中以兩國有著共同合作的良好基礎。事實上，西北地區農業經濟的發展有賴灌溉，但卻受到水資源嚴重缺乏和土壤鹽鹼化的制約。此外該地區還缺乏先進的農業技術。」

他還指出：「中國西部各省的發展水平落後於東部，這個地區的開發將是中國經濟進一步發展的重頭戲，以色列在這方面應當有所作為。依我的看法，乾旱農業項目是對中國西部開發大戰略的響應。假如以色列能幫助其解決西部面臨的乾旱農業這一主要問題，將會受到他們的重視和讚賞。」當然，他也提到，高科技農業技術在中國的成功推廣，必然可以幫助以色列相關廠商打開中國這一巨大無比的市場。

不過，亞伯拉罕·奧爾默特沒有想到的是，西蒙·佩雷斯訪問中國時，隨身攜帶了這份文件並交給了中國。西蒙·佩雷斯還承諾，由以色列政府出資四百萬美元，提供技術和設備援助，在中國建立這樣一個乾旱農業示範中心，培訓農業技術人員和農民。他指定亞伯拉罕·奧爾默特為這個項目的以方負責人。

費用到帳的「計謀」

完成「建立乾旱農業示範中心」這一舞蹈，要有舞台、表演者、服裝、場地、音響、燈光……而這一切都需要錢。

投入四百萬美元，這在以色列類似的國際合作項目中是史無前例的大數目。應該說，做什麼事都算帳是猶太人的天性，但是，要從這個項目計算出相對準確的回報率並不現實。

亞伯拉罕·奧爾默特在他出版的一本書中回憶說：「當時我還沒有到大使館上任，但聽說副總理佩雷斯在中國給當時的總理巴拉克打電話，說他要向中國作出有關興建示範中心的承諾。巴拉克問，這樣一個項目大概要多少錢，佩雷斯向周圍人打聽，有人說四百萬美元，佩雷斯就將這個數目告訴了巴拉克。巴拉克說：『好吧，我批准。』該項目是以色列在國外承擔的最大項目。我想，以色列謀求維持和中國的良好關係，是以色列之所以樂於為這個項目注資、而且超過四百萬美元也在所不惜的原因之一。」

亞伯拉罕·奧爾默特到中國上任科技和農業公使職務以後開始啟動這個項目，但是資金卻遲遲沒有到位，原因是佩雷斯副總理對中國的承諾，還沒有得到以色列政府的最終正式批准。又過了好久，還是沒有好消息傳來。亞伯拉罕·奧爾默特後來回憶說：「我別無選擇，只好自己想辦法推動事情的

進展。我靈機一動，決定採取在常人看來是非同尋常的一個舉措。」

他的「非同尋常的舉措」，是利用佩雷斯的威信和名譽。當時，他的老上級和好朋友波哈雷斯教授正在「佩雷斯和平基金會」當領導，與佩雷斯關係密切。他提筆給波哈雷斯教授寫去一封信。他寫道：「我聽到中國各方面的反映，他們對佩雷斯深表失望，他們本以為佩雷斯是個非常可靠的人，相信他說話算數，答應的事情必然兌現，但看來並非如此。以建立乾旱農業示範中心為例，他承諾後，時間已經過去太久，但至今不見實際行動。」他請求波哈雷斯教授將這一情況轉告佩雷斯先生。其實，他信中所說的情況，大都是他編造的。

這份加急信件發出三天后，大使打電話找亞伯拉罕‧奧爾默特說有急事，他立刻趕到大使辦公室。一見面，大使就說：「我剛剛收到緊急來電，批准動用項目的預算資金。莫名奇妙，事情為什麼驚動到總理辦公室，而且文件這般緊急？」

選中新疆

得到消息後，中國的西部各個省份都想成為中以乾旱農業示範項目的參與者。但是，對這一意義重大的項目，以色列方面有自己慎重的政治和經濟利益考慮。

以色列認為：首先，必須選擇一個有較高的成

功機會的示範地點；其次，通過這個項目，要為以色列的國家形象加分；第三，要為以色列的相關產業帶來經濟效益。

以方認為，成功的因素主要有三項：氣候條件、土壤條件以及與之合作的人。

西部有兩個地方最適合開展這個項目，一個是甘肅省，另一個是新疆維吾爾自治區。作為以色列駐華科技和農業公使，亞伯拉罕・奧爾默特認為新疆最為適合，這也和中國方面的主張不謀而合。新疆維吾爾自治區有戈壁灘，有中國最大的沙漠--塔克拉瑪乾沙漠和古爾班通古特沙漠，地理環境和以色列有相似之處，有開展乾旱農業和推廣以色列農業經濟的最大前景。

但是，以色列駐中國大使卻有不同的判斷角度，而事實上，也的確面臨兩個不能迴避的問題：一是新疆人口以穆斯林少數民族居多，占這個地區人口的百分之五十左右；世界上誰都知道以色列和穆斯林的關係；其次，這個地區離中國的中心城市太遠，在這裡設立項目，其影響作用難免有限。因此，他寧願選一個當地人民比較友好的地區。他主張選擇甘肅。

經過深入調查研究，亞伯拉罕・奧爾默特與大使進行了進一步的交流，他說，他找了很多了解這兩個地區情況的中國人，作了深入的諮詢，也到新疆進行了實地考查，他們和他都認為新疆成功的機會更大，因為當地種植葡萄、甜瓜等作物的經驗豐

富，這對將來項目取得較好成果十分有利。至於甘
肅，像這類作物都是首次栽種。他還強調說，他和
以色列技術設備生產商討論過這個問題，他們也主
張選擇新疆，因為那裡有開展業務的更好前景，他
們對盈利的考慮不能忽視。

亞伯拉罕·奧爾默特
（歐慕然）在考察項
目。

　　以色列駐華大使決定親自到新疆考察。亞伯拉
罕·奧爾默特和他在新疆走訪了三天，和當地的漢
人、維吾爾人舉行了會談，最後回到烏魯木齊的自
治區農業廳，會見農業廳負責人。最終，雙方達成
了將項目定點新疆的共識。

　　二〇〇二年十月，中國農業部、新疆維吾爾自
治區人民政府和以色列駐華使館在北京正式簽署了
《關於合作建立「中國和以色列旱區農業示範培訓

中心」的諒解備忘錄》。

備忘錄確認：「『中國和以色列旱區農業示範培訓中心』是一個集農業技術研究與示範、技術培訓、交流、科研成果推廣、農業生產與經營等多項職能於一體的國際間合作交流中心，是中以兩國政府在新疆合作建立的中國西部最大的國家級農業涉外項目，也是西北地區的第一個農業合作項目。

「中國以色列旱區農業示範培訓中心項目，總投資四千三百五十二萬元，其中以方投資二千八百四十八萬元，中方投資一千五百零四萬元。以色列投資設備、技術，在三千畝的農田裡建設旱作節水農業示範基地。項目建設是通過雙方合作，在乾旱地區推廣先進節水灌溉技術、旱作農業新技術；開展國內、國際節水農業人員培訓；引進、消化、吸收國外先進節水農業新技術；達到旱作農業先進技術普及推廣的目的，促進新疆及西北乾旱地區農業現代化進程。

「中國—以色列旱區農業示範培訓中心分佈在離烏魯木齊市不遠的兩處地方，一個是昌吉市的新疆農業職業技術學院，另一個是東泉新疆幹部學校。農業職業技術學院示範中心建設占地三千畝的以色列智能溫室大棚，在農業幹部學校開闢二千畝以色列節水灌溉大田。」

很快，這兩所學校就得到了確切的、讓他們高興得跳腳的好消息。

「無懈可擊的優美探戈」

二○○六年十一月七日，以色列外交部亞洲司司長迪翁、以色列外交部國際合作中心主任考恩考察了中國以色列旱區農業示範培訓中心。

初冬的新疆寒風瑟瑟，但農業職業技術學院以色列智能溫室大棚裡卻春色滿滿，鮮豔的紅掌、盛開的非洲菊、各種盆栽花卉、大棚蔬菜生機勃勃，彷彿是在告訴人們，在這裡，只有春天和秋天。在新疆農業幹部學校二千畝以色列節水灌溉大田裡，農戶們剛剛秋收完了，談起節水灌溉帶來的經濟效益，他們個個滿臉喜色。

聽過中以雙方技術人員介紹的情況後，迪翁翹起大拇指說：「雙方的密切配合和項目的完滿成功，就像兩個人跳了一曲無懈可擊的優美探戈。」

隨著項目基礎設施建設的逐步完成，以色列農業發展觀念的超前性、技術的先進性和設備的複雜性，都讓中方的參與者大開眼界。

在向以方虛心學習、努力配合上，中方表現得越來越虛心，而中方參與人員的聰明才智，也讓以方的專家刮目相看。很快，雙方配合出的舞姿，就達到了「專業」水準。

設在新疆農業職業技術學院的項目，主要是溫室大棚生產基地，包括南北兩個校區。南區項目有五十八棟大棚溫室、四十畝遮陽網室、包裝車間和配套的獨立供水、供電、道路系統。南區項目引種

的是以色列優質的蔬菜和花卉品種，生產過程全都應用以色列生產技術、節水灌溉技術和施肥自控系統。

北區主要項目是四棟以色列現代化智能溫室、五棟中式溫室、包裝車間、十一噸天然氣熱力中心和配套的獨立供水、供電、排水、製冷系統。開展的是花卉鮮切花生產、蔬菜種苗的生產。北區項目也全部應用了以色列先進的生產和節水自控技術。在北區還建設了占地面積約三十八畝的推廣培訓設施。

設在新疆農業職業技術學院的項目，主要是通過在溫室中培養作物，延長作物生長期。解決了嚴酷氣候條件的限制，玫瑰、非洲菊、百合、鬱金香等花卉，黃瓜、聖女果、甜椒等蔬菜在新疆可以終年生長。

而設在東泉幹部學校、占地約一百六十公頃的項目，主要是大田作物，包括棉花、小麥、玉米和加工用番茄。通過引進先進的耕種和種床準備技術，獲得完全的種植密度和最佳的生長條件。

整個示範中心項目引進了以色列三種灌溉系統，它們分別是：用於蔬菜和花卉以及大田作物棉花、加工用番茄的滴灌系統；為大田作物棉花、小麥和玉米實施機械化的直行式系統；用於一些花卉和露天蔬菜的配管系統。這三種系統能夠最大限度地減少深層滲透損失和土壤鹽鹼化，使水和肥的使用取得最佳的經濟效果。

二○○三年十一月，中國以色列旱區農業示範

培訓中心項目基本建成後，立刻開始了試運行。以
設在新疆農業職業技術學院的溫室大棚生產基地為
例，先後栽植了由荷蘭引進的鬱金香、香水百合、
玫瑰花等品種，培育了二十九萬多株蔬菜、瓜果、
苗木，在有效節水並生產出優質花卉、綠葉裝飾植
物和各種蔬菜等方面起到了強烈的示範作用：節水
灌溉使農作物用水每畝地比漫灌節約將近一半，農
作物增產達到了 20%，經濟效益和社會效益都十分
顯著。

　　二〇〇七年六月十一日到二十二日，中以旱區
農業示範培訓中心的以色列專家又一次舉辦了蔬
菜、花卉技術培訓班。新疆農業職業技術學院的一

百八十名學生和新疆第一產業職教園區相關單位的部分人員接受了農業、蔬菜種植、管理、氣象學概論、溫室氣候控制、灌溉及施肥等方面的技術培訓。此外，培訓班也講解了花卉無土栽培、鮮切花栽培、盆花栽培、露地花卉栽培等技術。

在理論授課結束後，以色列專家還把學生們拉到「中以旱區農業示範培訓中心」的溫室大棚，就生產過程中已經和可能出現的情況，有針對性地進行了示範實踐教學。

在中以旱區農業示範培訓中心，中科院院士張楚漢對前去採訪的中國新華社記者說：「我國乾旱土地面積很大，因此，引進節水項目在新疆乃至全國都具有重要的戰略意義。中方引進這個項目是為在全國推廣節水農業，以方則需要證明其節水技術在中國可行，並刺激以色列本國農業技術的更新，同時贏得農業科技產品在我國旱區的廣闊市場。」

通過與中國的農業合作，以色列向中國成功展示了其先進的農業技術、農產品、農業技術設備，這些都為以色列農業設備企業出口中國創造了機會。

耐特菲姆公司是以色列最大的滴灌系統產品生產廠家，自二十世紀九〇年代進入中國市場以來，這家公司在中國建成現代化灌溉和溫室項目二百多個，廣泛分佈在中國二十多個省份，其中包括新疆十多個地區的旱地農業節水灌溉項目、兩千公頃棉花灌溉項目。這家公司在北京、廣東、新疆、雲

節水灌溉給新疆農業帶來了巨大的經濟效益

南、山東、河北、甘肅、上海等地都設立了辦事處和技術服務網絡，其產品遍佈中國各地。

以色列另外一家有世界影響力的灌溉公司普拉斯托灌溉公司，也參與了中以旱區農業示範培訓中心項目的建設。二〇〇一年，他們在中國設立全資子公司，在新疆、山東、北京建立了三家產品生產基地，加工、生產和銷售公司的灌溉系列產品。

除了上述兩個灌溉公司外，在以色列有影響力的灌溉公司納安丹公司、美茲公司和艾森貝克公司等，也都在中國的灌溉市場占據了一定的份額。

不謝的玫瑰伊戈‧科恩

二〇〇五年元旦，烏魯木齊的一位記者收到朋友送的一束玫瑰花。因為是節日，家裡還有別的鮮花。三天后，其他品種的鮮花都萎蔫了，唯有這束玫瑰芳香依舊。她打電話詢問才知道，這束花來自中以旱區農業示範培訓中心的溫室大棚。當年十月八日，她正好有一個機會採訪這個示範培訓中心。除了姹紫嫣紅的花朵，大棚裡種植的小黃瓜、小番茄和各種形狀的辣椒等無公害蔬菜更讓她驚異：作物占地面積不大，果實卻密密麻麻、健壯無比。

因為雙方都全身心地投入舞蹈之中，所以中以旱區農業示範培訓中心這曲探戈優美得無懈可擊。

在項目開展過程中，以方項目經理、以色列駐華科技和農業公使亞伯拉罕‧奧爾默特前後二十二

次去新疆，親臨項目現場考察每個階段的工作進行情況，給專家們下達指示。

中方派出的項目經理，是維吾爾人努爾‧穆哈默德。亞伯拉罕‧奧爾默特說：「努爾‧穆哈默德是一個優秀的漢子。他和我們友好相處，工作非常出色，我們之間的合作很有成效。新疆項目的中方人員不論是領導、技術專家或者農民，也不論漢人或者維吾爾人，都成為了我們的要好朋友。項目的建設過程並不容易，但由於有中方的良好配合，我們終於把項目做得十分漂亮。他們的言行，化解了我們的大使對新疆穆斯林民族地區的擔憂和疑慮，換來了切實的放心和信任。」

「你猜，我們每次訪問碰到的最難對付的問題是什麼？」亞伯拉罕‧奧爾默特說：「不是別的，是酒！說來別人都不相信，經過新疆的磨練，我竟能一喝就是一二十杯。記得有一次我陪大使到烏魯木齊，餐桌上主人接連敬酒，中方項目負責人努爾向大使叫板，誰也不認輸。到頭來還是大使贏了，他喝了十七杯，而努爾喝了十五杯。我熱愛新疆，我和我的以色列同事在那裡的示範培訓中心灑下了汗水，和當地的民族朋友結下了深厚的友誼。」

二〇〇三年二月，伊戈‧科恩來到新疆繼任「中以旱作農業技術推廣示範培訓中心」項目農業專家。他沒到過中國，到中國工作讓他興奮了好多天。但是，第一次走進項目示範點的大田，他的熱情就消退了一多半：沒有深翻和耙　的土地看上去

一片寂寥。他心想：「這裡的人真懶散，項目不會持久，我會很快走人。」

「農業生產要靠高科技！要節水！」面對伊戈·科恩磨破嘴皮子的「科教」，習慣於大水漫灌的當地人疑慮「滔天」：「靠滴答的水就能澆活莊稼？還能高產？天大的笑話。」

這一年的種植面積是六百七十畝。面對質疑，伊戈·科恩和示範實習農場負責人商定其中五百畝地採用高技術的滴灌，一百七十畝地用傳統的大水漫灌。

秋收了。這一年，滴灌番茄用水比大水漫灌節水 48%，增產 50%；棉花節水 45%；增產 25%。

從此，農場傳統的大水漫灌方式被滴灌方式徹底取代。

「春耕」是中國人所遵循的農時，當地的大田耕種傳統，也從來都是「春耕」，秋收以後就「掛鋤」休息，直到第二年春天的時候再開始耕種。但是，二〇〇三年秋收剛結束，伊戈·科恩就提出：「現在應該安排整理土地的工作了。」有人堅決反對：「我們這裡春天整地。」但伊戈·科恩也堅持說：秋收結束就深耕、耙地、施肥，能讓土地得到充分的『休養』，春天一到就開始播種。這樣不但有利於噴灌中心控制系統的運行，還可以降低病蟲的危害。」但他得到的回答不是「收穫完的地，土質太黏，馬上深耕對農機具損傷大」，就是「冬天的雪會讓土地變得鬆軟，春天墒情好、容易耕

種」。科恩後來才意識到，他所堅持的做法，是對傳統觀念和習慣生產方式的革命。

二〇〇五年九月，農場剛剛開始收穫番茄。一天，一場霜凍突然襲來，把大部分果實都打爛在了地裡。面對大自然的教訓，人們終於認識到，如果按伊戈‧科恩的要求秋收後馬上整理土地，春天早播種十多天，就會避免類似的災害。從此以後，「春耕」的農時被修正成了秋耕，每當一塊地裡的莊稼收穫完成，拖拉機隨即就開進去深翻土地，而且會按照伊戈‧科恩提出的指標，從以前的十釐米，深翻至五十釐米。

伊戈‧科恩每天都到田間查看作物的長勢，並精確計算澆水量和施肥量，然後輸入設備中心控制室的電腦，得出施肥拖拉機發動機的擋位和行駛速度。他還跟在拖拉機的後面查看操作情況，提醒司機如果速度過慢就會多施肥、造成浪費，如果速度過快則肥量不夠影響產量。

在中國，伊戈‧科恩本來是兩年的任期，但他一幹就是四年。他說：「這裡的人們願意接受新知識、新技術。無論是領導還是普通職工，都能坦誠地說出存在的困難和問題，這樣利於解決問題。這些是我做好項目的最大動力。我覺得自己今後的人生總會與中國新疆發生某種聯繫。只要這裡的人需要我，我就會回來。」

伊戈‧科恩這種把工作當成自己家裡事情做的精神，深深打動並教育了項目的每一個中方參與

者。在他們的心目中，無論是作為個體的人，還是代表一個國家，伊戈・科恩身上散發的精神魅力都是無窮的，如同田裡那芬芳的、永不凋謝的玫瑰。

大田節水又豐收的示範效應，更讓當地農民看到了農業發展的希望與前景，改變了人們的觀念，使他們明白科學種地才能增產增收，高科技種田可以有效地節約利用資源。

鑒於伊戈・科恩的貢獻，二〇〇七年中國外國專家局給他頒發了「友誼獎」，這是中國對在華工作的外籍專家的最高獎勵。

新疆中以乾旱農業示範中心項目的成功實施，不單改變了中國西北地區農作物常規栽培模式及農

業經營管理理念，更對整個中國對節水灌溉及設施農業等先進技術的了解和推廣起到了積極作用，也為中以兩國開展更廣泛的合作奠定了良好的基礎。

今天，說起新疆，人們已經會說：天山的冰雪啊喀納斯的神話，羊肉串的下面啊躺著香饢；走入百里的戈壁灘，就能看到遠方千年的胡楊；滴灌的節水啊，秋耕的豐產；在誦頌《古蘭經》的聲音裡，葡萄和哈密瓜熟了……

曲舞不停的尾聲

二〇一二年五月十七日，以色列 Ramat-Negev 地區沙漠農業研究中心的三位專家，到新疆邀請在校大學生赴以色列學習。項目希望每年從這個研究中心派遣五十名在校農業專業大學生，在以色列進行為期十一個月的旱作農業實用技術培訓。培訓的內容包括：水管理、作物栽培、管理和病蟲害防治技術；鹽水、淡水及污水混合灌溉技術；設施農業栽培技術；電腦操控節水灌溉技術。

到目前，這個既可使中方學到以色列先進實用的現代農業技術，又能為以色列農業提供必須的勞動力的雙贏項目一直順利地實施著。

中國和以色列在農業和其他領域不斷深入合作的優美探戈，正一曲接著一曲地進行著。

何北劍 編寫

新疆中以乾旱農業示範中心項目的成功實施為兩國後來更廣泛的合作奠定了良好的基礎

跨越萬里的「孵化」

我的以色列學習經歷

世界很大，人的一生不可能每個地方都能去，但是有一些地方一旦去了，就會終生難忘，就會有友誼存續下來，直到永遠。

一九九九年九月的下旬，北京正是金秋煞爽的好時光，我剛剛從北京理工大學碩士畢業，得到了去以色列魏茲曼科學院繼續深造學習的機會。心裡揣著對這個世界上最神祕的國家的好奇，我踏上了前往以色列的旅程。

那是我第一次踏出國門，第一次踏上中東的土地，心情又是緊張又是興奮。沙漠地區獨特的自然風光，讓我這個在重慶山城里長大的山裡妹子陶醉不已。以色列魏茲曼科學院坐落在首都特拉維夫南面車程半個小時的城市瑞哈沃特，是以色列最有名的研究院，彙集著以色列學術界的菁英。學院只招收碩士和博士生，不設本科生部，用英文教學，方便國際學生上課。學習很辛苦，有專業知識的緣故，也有英文語言水平的原因，但我努力堅持著，順利渡過了適應期。

去以色列之前，我從來不知道猶太人在科學領域幾乎形成了壟斷，在化學、生物、物理等學科的

各個重要分支方向中，猶太裔的科學家經常包攬了世界的前幾名。儘管其中的大部分科學家生活在以色列以外，但是他們出於對以色列的熱愛和支持，經常回到像魏茲曼科學院這樣的地方講學，讓我受益匪淺，從這些世界一流的科學家們的講演中學到很多。

我在魏茲曼科學院的老闆拉哈弗教授做學問嚴謹認真，對待學生細緻耐心。我們研究小組人員很多，有不是教授身分，但學問一點兒也不比老闆差的研究人員，比如從匈牙利移民到以色列的伊莎貝拉女士就是這樣一位。以色列的移民政策就是世界上任何猶太人都可以移民以色列。伊莎貝拉女士是我所從事課題的小組負責人，她既負責看文獻、設計實驗，還要總結實驗結果寫文章。拉哈弗教授出

本文作者在耶路撒冷哭牆留影

門講學之前總是會和她詳細地討論自己要做的報告的內容。記得有一次我們課題小組的實驗內容出來了，結果很漂亮，拉哈弗教授就決定自己寫成了文章投到了世界著名期刊《自然》，結果被拒絕發表。於是伊莎貝拉女士接過來拉哈弗教授寫的原稿，動手改了幾天，轉投了同樣極富盛名的世界科學期刊《科學》，成功發表了。

拉哈弗教授和伊莎貝拉女士也同樣注重培養學生。每當我有問題問他們的時候，他們總是耐心詳細地給我解釋，讓我很感動。整個課題組的氛圍也很好，在實驗室做課題時大家互相幫助。課題組除了國際學生外，大部分是以色列人。以色列人有年紀輕輕直接讀書上來的，也有一位年齡偏大已經結婚生孩子的媽媽在攻讀博士學位。她當時已經生了三個孩子，孩子都還小，卻同樣白天在實驗室高效

率地做研究，晚上則按時回家照顧孩子。

猶太人做學問的傳統是創新，他們的思想很大膽開闊。記得當時我選修了一門關於生命起源的課程，需要自己選題目做個口頭報告。我和一個以色列男生分在一組準備報告，他提出了一個在太空中生命起源的觀點，我在當時所讀的文獻中從未讀到過這種想法，就提醒他是不是太沒有根據了，他鼓勵我說設想就應該大膽一些，過後再去求證。真是很佩服他的勇氣。

學習之餘，我很喜歡跟各種朋友出去聚會。中國同學之間喜歡聚在一起做飯、聊天、打撲克，也會大家結伴去旅遊。記得我們一起去了著名的死海。漫漫金黃的沙漠中躺著一顆碧藍的珍珠，這就是死海。死海海水的鹽分很高，達到百分之二十到三十，所以人能很輕易地漂浮在水面上，甚至能躺在水面上捧著本書看，不管你會不會游泳。鹽分很高，是因為海水裡富含許多礦物質，海邊的礦物質黑泥是非常好的美容材料。我們中國學生就很高興地撿起這些黑泥抹在身上，躺在死海邊，享受起來。

魏茲曼科學院也有很多國際學生，我也交了許多來自德國，法國的朋友，白天努力學習後，晚上和國際朋友們約著去酒吧喝喝酒，聊聊天，真是一種很好的放鬆。

當然我也交了各種各樣的以色列朋友，有科學院的同學，也有酒吧的老闆娘。猶太人聰明，睿

智，不怕辛勞，事必躬親。以色列人也很熱情，樂於助人，每每我走在街頭找不到路時，總有熱心人指路甚至會親自帶我到達目的地。最讓我感嘆的是他們對待生活的淡定沉著，在一個非常惡劣的自然環境中建設了一個富裕的國家，在一個敵意環繞的氛圍中繼續著自己的生活，淡定地工作和學習，即使知道自己馬上要服兵役，也從來沒有顯示出什麼不安。他們可以在服兵役休假回家的間隙，背著槍去餐館或酒吧，同時卻安然地享受著美食和飲料。他們就是這樣一個神奇的民族，並不斷創造出精彩。

猶太人的家庭關係非常緊密。父母會每天給每個孩子至少打一個電話，互相問候。父母從國外回來，孩子會去機場迎接。如果不去機場接，就在家裡等著，再晚也要等到父母回來。兄弟姐妹之間也經常聯絡，有需要時盡量幫忙。印象最深刻的是他們每兩週家庭所有成員一定要在父母家聚會一次，聚會時間總是在週末，不管學習或工作上如何繁忙，任何人都不得缺席。我接觸過的所有家庭都有這個傳統，不論是一般普通家庭，還是達官貴人。我的猶太朋友帶我去參加過他們的這種家庭聚會。每到這個時候，猶太媽媽就在孩子們到家之前去超市採購一家人喜歡吃的食物，然後在週末的下午開始烹調。孩子們陸續在晚飯前到家，或是幫著做飯，或是在前後花園裡除除草，澆澆花，給狗洗澡。晚飯時間到了，一家人坐下來，品嚐著媽媽做

的可口晚餐，喝著飲料，聊聊各自最近的工作生活。

以色列人很喜歡出門旅遊，去世界各地，足跡遍及歐洲，亞洲，非洲，南北美洲和其他遙遠的地方。除了傳統的觀賞人文自然風光，他們還會有一些很特別的旅遊方式。比如我的以色列朋友經常會在服完兵役後，進一步攻讀學位或正式工作之前，到喜馬拉雅山腳下住上一年，修身養性。

除了以色列本地人，我的朋友中還有其他國家到以色列工作學習的猶太人，其中還有從中國移民過去的猶太人。記得有一個小夥子是開封人，長得跟中國的漢族人一模一樣，他當時在耶路撒冷的一個博物館裡工作，嚴肅而認真。他那時移民到以色列沒幾年，普通話講得還很標準。我問他怎麼知道自己是猶太人，他說他們有家譜，裡面一直記載著幾百年來他們都是猶太人。

我同歐慕然先生的結識

我同歐慕然先生結識是從二〇〇三年暑假開始的。我已從魏茲曼科學院碩士畢業回到了重慶，在重慶悶熱的夏天準備著去美國攻讀博士的手續。一天，一位朋友告訴我有一位以色列駐北京大使館的農業科技參贊要到重慶來考察引進以色列柑橘種植技術的項目，由於我在大家心目中是個「以色列通」，於是叫我也去見見，這就是我第一次見到歐

慕然先生，也是我和歐慕然先生友誼的開始。

　　歐慕然先生長著典型的猶太人大鼻子，和藹健談。一聊起來才發現我們挺有緣，原來他以色列的家就在我就讀的魏茲曼科學院旁邊，我們都逛同樣的地方，我們也許經常在同一個電影院看電影，在同一個商店買東西。我們相互開玩笑說經常見對方，也許在以色列瑞哈沃特街上轉角的咖啡店，也許在那個韓國人開的菜市場。那次見面我們都很高興認識對方，之後我們經常保持聯繫，包括我後來在美國留學，也經常通通 E-mail。

　　貴陽是我丈夫的家鄉，他在美國修完博士學位並以博士後身分工作了幾年以後，強烈的思鄉情緒促使他回到了故鄉，開始了科學研究的工作。我也帶著剛出生不久的兒子，從美國跟著他到了貴陽。

貴陽城市不大，人情味很濃，由於地處海拔一千米，夏天尤其涼爽舒適，當七八月分其他城市的人們在炎炎酷暑中被熱得暈頭轉向時，貴陽人依然可以很自在地工作和休閒。貴州省由於工業經濟不發達，很幸運地保留下了現在的綠水青山和沒有霧霾的天氣。貴州出名的黃果樹瀑布每年吸引了無數遊客前來旅遊，再加上貴州豐富多彩的少數民族風情，讓越來越多的人知道了這裡。

　　那個時候歐慕然先生已經從農業科技參讚的職位退休，開始了他獨立科技專家顧問的職業，依然致力於中國和以色列之間科技項目的諮詢和引進。他聽說我在貴陽工作了，很驚奇，因為他在中國工作了十幾年，到過中國絕大部分地方，他到過的地方，很多中國人一輩子都沒去過，卻唯獨沒有到過貴州。於是我作為東道主請他到訪了貴陽。

「貴陽–以色列」孵化器的開始

　　歐慕然先生第一次來訪是二〇〇八年作為特邀嘉賓參加貴陽市科技局的科技推廣會議，並在會上作了專題報告，介紹以色列農業的發展現狀。我在貴陽的一個朋友名叫張高，當時剛從日本留學歸來，正和我在商量註冊公司做科技項目轉化引進。在和歐慕然先生的溝通中，我們發現以色列的科學技術之所以這麼發達，他們的孵化器系統在中間起著非常重要的作用。孵化器承前啟後，把初創企業

的風險承擔了下來,培育出真正優秀的企業。考慮到貴州經濟的落後,其中的主要原因就是初創企業不多,最後成功的初創企業更少,我和張高就決定在貴陽建立一個企業孵化器,批量地引進以色列、日本和美國的一些有潛力的科技項目,在貴陽本地化並最後推向市場。孵化器成立後,歐慕然先生很快就給我們介紹了一家以色列著名的風投公司 Terra Venture 來和我們談合作,盡心盡力地在中間協調溝通。他還和貴陽市政府簽署合作共建「以色列─中國(貴陽)高技術企業孵化加速器」協議,大力支持我們的項目引進工作。從此以後歐慕然先生就成了我們常來常往的朋友,每年都會到貴陽來訪問交流至少一次。迄今為止他到訪貴陽有十幾次了。

孵化器慢慢地在成長。由於我和張高的專業都是生物,所以我們把孵化器所孵化的項目也定位在生物相關的產業上。我們從貴陽市政府得到了一些科研資助,開始了項目孵化。最開始公司只有兩個科研人員以及兩三個行政人員,大家將就著簡陋的儀器設備就開始了產品研發。陸陸續續做了一些研究以後,就開始有一些頭緒了。貴州有非常豐富的生物資源,其中中草藥的種類有一千多種,在全國所有省份中排名第二,僅次於雲南。貴州還不乏獨特的東西,比如號稱「VC 之王」的刺梨,以及雖然不是貴州獨有,但在貴州數量很豐富的各種植物藥材。但這些生物資源的開發利用卻非常少。這讓我們很興奮,可以開發的產品太多了。其中雪蓮果

成了我們的首期主要扶持研發項目。

　　一個產品從研發到成為最終能在市場上銷售的產品，中間還要經過中試、試生產、生產、試銷售和銷售很多環節。其中尋找中試的場地以及生產場地就是一件費時費力的事情。記得我們的中試場地最後終於在一位朋友的幫助下落在了一個很偏僻的研究單位裡。給我們使用的地方是一棟快要拆掉的兩層樓房。我們很快買了設備就開始生產起了雪蓮果汁，同時也準備著去尋找下一步正式生產所需要的廠房設備。正好那時候都勻市在開發甘塘經濟開發區，大力對外招商。都勻市在貴陽東面一個小時車程的地方，甘塘經濟開發區正好在才開通的廈蓉高速（廈門到成都）路邊上，離高速路口只有兩三公里的距離，到達貴陽孵化器項目研發中心和以後南下運輸產品到廣東都很方便。再考慮到我們自己也需要正式的固定生產場地，我們就在開發區買下了五百畝工業用地，開始興建自己的廠房。

　　這幾年，公司發展越來越快。我們的項目方向也越來越明確。在貴州豐富生物資源的基礎上，鑒於目前生活水平越來越高，人們對於養生保健和食品安全越來越重視。在貴州豐富生物資源的基礎上，我們的產品研發重心也轉向了這方面。去年，第一個產品已經上市開始銷售，後續產品正在出來。公司人員也發展到了二百多人。

孵化器在各方面的幫助下繼續發展

　　由於歐慕然先生長期幫助貴州科技經濟發展，他受到貴州省一些科研機構和統戰部的關注。二〇一二年十一月貴州省委常委、統戰部部長劉曉凱部長熱情地會見了歐慕然先生。二〇一三年十二月，歐慕然先生榮幸地當選為貴州省海外聯誼會（海聯會）副會長，這開創了貴州省海外聯誼會聘用國外名人擔任這一職務的先河。海聯會是在貴州省統戰部關懷下的一個非常有影響力的社會團體，旨在通過牽線搭橋的作用，為貴州省的經濟社會發展引資引智。貴州省海外聯誼會通過這一舉動，認可了歐慕然先生幫助貴州發展做出的成績。

　　貴州省留學生聯誼會（留聯會）也在歐慕然先生和我們公司的合作中提供了極大幫助。留聯會是專門針對從國外回到貴州來工作和創業的留學人員建立的一個民間組織，但裡面主要協調留學人員工作和政府部門之間關係的人員就是來自貴州省委統戰部的工作人員。這些工作人員總是熱忱地替我們這些創業人員溝通協調，極大地推動了我們的發展。歐慕然先生正是在留聯會的舉薦下，榮幸地當上貴州省海聯會副會長。

　　我們孵化器公司也在歐慕然先生的幫助下、貴州省留學生聯誼會的大力支持下，以及自身的努力下逐年發展壯大。從二〇〇七年創業時的一無所有，到現在已發展成控股下屬機構和公司：省發改

委立項的「貴州省少數民族藥食同源（功能）食品應用工程研究中心」、貴陽藥食同源生物工程中心、貴陽高新創嘉創業服務有限公司、貴陽高新以嘉孵化器投資管理有限公司、貴州都勻優加加生物科技有限公司。目前公司的總固定資產為六千九百萬元人民幣，同時還具有大量以自主技術為核心的無形資產。二〇一三年共實現銷售額四千三百萬元。孵化器公司是從研發、生產到銷售一條龍的全產業鏈公司，立足於貴州特有的生物資源，開發現代人所需要的健康產品及健康服務。可以說，它是中以合作共贏一個具體而微的例子，它的源起和發展壯大也是兩國友誼的見證。

唐茂

（貴州四方匯佳生物科技有限公司）

拉賓總理的承諾

　　一九九三年十月的一天，以色列外交部國際合作局局長和以色列最大的農業發展公司阿格里德夫的總經理被緊急召到總理府。剛剛結束訪華歸來的拉賓總理告訴他們，他在北京向中國總理李鵬作了承諾，以色列將在中國幫助建立一座採用以色列先

已故以色列總理拉賓在中國長城

進技術的示範農場。農場將展示以色列的先進農業技術和管理方法，培訓中國專家，推動先進農業技術在中國的推廣和應用。李鵬總理答應給予前來創辦中國和以色列之間第一個官方合作項目的以色列人員以一切必要的協助。

拉賓總理接著說道，「你們要明白，這是中國和以色列之間的第一個官方合作項目，它是展示以色列和以色列先進農業技術的櫥窗。我們將中以之間的這次合作擺在首要地位，我要親自過問項目的實施，我們的目標是要讓這個項目大獲成功。」

最後，拉賓總理以不一般的口吻說道：「我作了承諾，你們要去完成！」

在拉賓總理召見過後不幾天，阿格里德夫公司總經理歐慕然先生便立刻動身前往中國推動項目的實施。在中方的積極響應下，很快成立了中以農業聯合計劃小組，由五名以色列農業經濟學家，蔬菜、花卉和果樹專家和中國專家構成，農場地點選在北京通州區永樂店。聯合小組考察了永樂店農場所具有的優勢，並為農場的成立制定了詳盡的計劃。

根據考察報告，一九九四年三月二十五日，中以兩國正式簽署了《中華人民共和國和以色列國政府關於建立中以農場的諒解備忘錄》。根據《備忘錄》，以色列派遣兩名主要合作領域的常駐專家，並提供有關灌溉、溫室、果樹苗和花卉種植材料；中國負責提供農業專業人員、土地、水源、能源、

地方投入以及以方專家執行項目的便利條件。

項目的執行機構以色列方面為國有農業發展合作有限公司，中方為國營北京農工商總公司。示範農場指導委員會由六名成員組成，雙方各三名，主任職位每年輪流擔任，項目的管理工作由指導委員會負責。示範農場將採用合適的技術、投入和高科技方法，並將作為有關灌溉、施肥、水果、蔬菜、花卉等生產的培訓基地，合作的目的則是證明引入新技術的經濟效益。

一九九四年十月，示範農場進入了工程籌備和起步時期。一九九五年五月九日，這座以高科技為依託、具有示範和生產兩大功能的現代化農場——北京中以示範農場落成剪綵。

中以農業合作的典範

從首都北京往東南方向驅車約三十公里，到達有五百年歷史的郊區古鎮永樂店附近，便是中以示範農場的所在地了。在農場園區範圍內，散佈著一排排整齊低矮的園拱形輕型構築物，上面覆蓋著塑料薄膜，遠遠看去像是平地上湧起一道道白色的波浪。這就是蘊藏著現代先進農業科技奇蹟的溫室，或者叫「暖房」。進到溫室，迎面撲來濃濃的春意，綠色叢中豔麗的玫瑰花和小燈籠般的彩色青椒交相輝映，組成美麗的圖畫。看不見普通意義上的農民進行勞作，只見穿著白大褂的現代「農民」坐

在電腦屏幕前，通過中央計算機發出指令來指揮一切。他們直接掌控作物生長的所有參數，空氣的溫度、土壤的濕度和對肥料的需求，都是通過猶如人體神經和血管系統的各種感應器、滴灌器和管路構成的網絡，自動進行操作和調節。示範農場將太陽能、現代灌溉系統、優質種子以及先進的管理方法相結合，從而非常有效地生產出高質量蔬菜、花卉和其他作物。

北京中以示範農場占地 100 多公頃，全部採用以色列滴灌農業設施。有 1.53 公頃以色列聯棟式溫室，6.67 公頃中式日光溫室，1.33 公頃塑料大棚，400 平方米蔬菜、花卉加工車間，定植果樹 27 萬平方米，玫瑰近 1 萬平方米，蔬菜 10 萬多平方米，還有 2632 平方米的培訓大樓，414 平方米的展廳，538 平方米的餐廳和 600 平方米的保鮮庫。

中以示範農場的獨特之處在於引進了全套的以色列先進農業技術，每個溫室裡不僅有節水型的水肥配送系統和室內小氣候控制系統，還有害蟲監測、管理系統，從而大大減少了對水和天氣變化的依賴。在以色列專家的指導下，農場播種了以色列培育的多種蔬菜種子，還採用無土栽培的方法種植了不同品種的玫瑰和康乃馨。

農場種植和推廣的以色列蔬菜、花卉、果樹等產品均有異國特徵，具有很高的觀賞價值和經濟價值。以色列玫瑰品種多，質量好，花色各異，色澤亮麗純正，枝條粗壯挺直，葉片厚實潤澤，且具有

開放期長，耐儲運的特點。玫瑰鮮切花達到了出口標準，並批量出口美國。

以色列溫室中的櫻桃西紅柿是當時中國國內還沒有的品種，其果實晶瑩亮麗，酷似櫻桃，味道醇美，既是蔬菜也可當水果生食，還可供觀賞。顏色有紅、黃之分。這種櫻桃西紅柿在中國也叫聖女果，因其品種獨特，價格昂貴，起初只面向北京各大高檔涉外飯店供應。經過農場引進示範成功後，中國各地紛紛引進和生產，現已成為普通老百姓享用的水果。以色列溫室中的甜椒果色鮮豔、果實厚、子少、味甜，具有紅、黃、綠三個顏色，且極耐儲運。以色列溫室中的西葫蘆一年四季皆可種植，有別於中國的品種，有金黃色、墨綠色、白色等，可生食，是西餐沙拉的上好材料；黃瓜則果實厚、汁多少籽、光滑無刺；甜瓜果肉有淡綠色和橘黃色，肉厚汁多，香甜可口；生菜品種葉片光滑，紋理清晰，抗病性強。

農場裡有世界最先進的技術裝備的以色列式溫室，也有相對簡易的中國式「陽光暖棚」。這是因為在中以雙方專家討論示範農場問題的時候，大家發現一個事實，那就是中國人在應用大棚種植蔬菜方面已經有所進展。有位名叫王樂義的中國農民創造了一種中國式「陽光暖棚」。「陽光暖棚」是用塑料薄膜覆蓋而成的拱形隧道空間，一邊用夯實的土牆支撐，另一邊朝向太陽，塑料薄膜能透進陽光。到了晚上，大棚用草蓆蓋好，以便保持白天積

累下來的熱量。以色列專家評價王樂義的方法充滿了想像力，探索和找出了符合正確農業技術原理的辦法，而且這些辦法是當地農民出錢用得起的，就像這類大棚。這說明土辦法對中國農業技術的發展作出了貢獻。它們費用不高，作用顯著，是邁向技術化農業的有意義的一步。從以色列方面來說，永樂店好比是一座可以從事各種試驗和調查研究的科學實驗室。經過永樂店的實踐以及後來一段時間工作，以色列專家對中國的現實有了更多體驗，最終得出了一個結論，傳播以色列的先進農業技術必須考慮結合所在國家的國情。技術轉移到任何地方，都必須做到適應當地的條件和當地的人民。農場將以色列優良種苗、滴灌設備和中式日光溫室有機結合，大幅度提高了農產品的產量，特別是對中國北方缺水地區利用高科技發展農業起到了很好的示範作用。農場在現代化溫室設備與技術管理、現代節水灌溉、園藝作物栽培新技術體系等方面對中國進行了成功的示範。

示範農場從創辦之初便顯示出它的物有所值：農場的收成比普通農場的收成高兩到三倍，農產品的質量更是讓普通農場望塵莫及，農產品的保存期更長。農場種出的花卉暢銷於北京的市場。這些蔬菜和花卉品種從一開始即依靠質量優勢以高出同類產品幾倍的價格打入北京市區的高檔飯店、配餐公司和超級市場，成為替代進口產品，並成功打入深圳、香港地區。這些成果表明，只要利用得當，在

同一塊土地上，先進的技術可以給農民帶來更多的
收入，還可以減少農業生產對水和氣候條件的依
賴。同時，中以示範農場在消化吸收過程中積極創
新，與多方合作致力於改善傳統日光溫室的環境條
件和管理手段，如示範農場與廠家合作研製了溫室
大棚專用溫濕度監測報警系統等。經消化吸收，以
色列園藝設施技術成功輻射到全國。自農場建立以
來，中國各地已紛紛建立起許多類似的農場，它們
都成功地運作著。

　　在農場存在的十年時間裡，每天都有幾百人來
訪。據估計，總共有約三十萬中國人來過這裡進行
考察或接受培訓，他們是農民、技術專家、科學家
和政府官員。北京一些專家參觀農場過後寫道：

「以色列使館的公使銜參贊歐慕然先生向大家介紹農場的歷史，他說，『以色列調集物力、財力建立示範農場，向中國傳播先進的農業技術，除了聘請以方專家前來工作外，更為重要的是培訓中國自己的技術人員，這好比計算機的硬件和軟件兩部分，缺一不可。什麼是最好的農民呢？有技術、有設施都還不夠。最好的農民是經常利用自己的雙腿走進田間、用眼觀察、用心思考的人。我們要培養的就是這樣有敬業精神的人。』」永樂店是個學校、實驗室和培訓中心，中國年輕一代農業技術專家在這裡進行培訓，並到各地開發新的先進農場。很快地方各省市也建立起當地的示範農場，為現代先進農業技術在中國土地上的推廣帶來明顯成果。飽含著中以雙方工作人員的智慧和辛勤汗水，永樂店示範農場無疑是中以兩國一次非常成功的合作，這種合作充滿美好的友情。

中以合作的象徵——北京永樂店中以示範農場。

　　二〇〇三年，以色列方面結束了參與示範農場的運行工作，意味著以色列已成功地完成了她在發展中國農業技術這一任務中的角色。現在永樂店農場已屬商業經營性質，全部交由中方人員管理，但以色列的大衛星國旗依然和中國五星國旗並排在農場上空飄揚，象徵著中國和以色列之間富於成果的合作。

中、以兩國高層的「農場」緣

中國和以色列國，一個是農業大國，一個是農業強國，農業自始至終是兩國社會發展的基石。僅經一代人的歷程，以色列農業便從荒漠農業發展成為舉世矚目的現代農業。而中國這個泱泱農業古國也正邁開現代步伐，引進和發展先進農業科技。作為中以之間農業合作的第一個項目，北京中以示範農場從籌建伊始就得到了兩國高層的格外關注，並留下了不少的佳話。

　　一九九六年，當以色列第三任駐華大使南月明夫人（奧達‧納米爾）剛到北京履職沒幾天，手下人員送上來一份材料，向大使推薦四處應當訪問的地方：長城、故宮、天壇和永樂店中以示範農場。南月明夫人後來回憶說：「我一看就明白，我要把農場作為我造勢和開展有效活動的選點。」在南月明大使看來，永樂店農場是促進中國和以色列兩國友好關係的一個重要因素，不但在技術方面，而且也在政治關係層面上發揮著積極作用。南月明夫人從到任的第一天起，就把主要精力集中在發展與中國人民的關係上面。示範農場是她與政府不同部門人員進行交談時常說的話題。到任以後不久的一天，當南月明大使出席一次宴會時，主人告訴她溫家寶先生要去以色列訪問。那時溫家寶還是副總理，是國家農業方面的主要負責人。他已經走遍了大部分農業發達國家，也想訪問一下以色列。南月明夫人說：「我建議他去以色列之前，先到示範農場看一看。他去了農場，也許所見所聞會給他十分

深刻的印象。」溫家寶對以色列的訪問非常成功，回國以後特地邀請南月明大使進餐，其間他從衣服口袋裡掏出一隻滴頭，展示給所有在座的客人，並向大家講解什麼叫做滴灌，介紹他在以色列的親眼所見。溫家寶說到最後，建議大家都到示範農場看看。

一九九七年沙龍在任以色列國家基礎設施部長期間曾經訪問過中國。據報導，沙龍到達北京後專程前往永樂店中以示範農場參觀，途中幾次停車，只為看看在公路上曬麥子的中國農民。他接過農民手中的耙子告訴中國農民說：「我也是農民。」曾任農業部長的沙龍在示範農場的暖棚裡伸手採摘青椒、西紅柿，在示範奶牛場抓起飼料槽裡的飼料仔細打量。沙龍坐車經過一大片農田，看到農家婦女正在田裡插秧，一下想起了他的母親，他對陪同人員說：「現在很少能看到婦女插秧了，我小時候看到母親就是這般幹的，在地裡一幹就是大半天，累得腰痠腿疼。」六年後當中國駐以色列大使潘占林離任前向沙龍辭行時，沙龍還對潘大使回憶了他的中國之行。他表示，如果有機會再去中國，希望再看看中以示範農場和其他科技合作項目。

一九九五年拉賓總理遇刺一週之前，在耶路撒冷舉行了一個非常重要的經濟大會開幕式，拉賓作為貴賓參加了會議。當主持儀式的耶路撒冷市市長奧爾默特把歐慕然先生引見給拉賓總理時，拉賓立刻笑了起來，連說「我們認識」，並立刻向歐慕然

先生打聽中以示範農場的項目運行情況。歐慕然先生告訴他一切非常良好，並說他充分理解這個項目對中以關係的重要性。拉賓總理接著說，他已從大使那裡聽說農場的大好消息。不用說，聽到他的表揚歐慕然先生是多麼激動。回想示範農場建立和運作的前前後後，要不是拉賓總理當年下定決心向中國人民顯示以色列能為中以兩國的技術合作發揮有效作用，可以想像建立這方面合作的道路將會是多麼漫長。以色列方面後來曾經希望用拉賓的名字命名農場以茲紀念，但因為在中國沒有以外國人名命名地方的慣例而作罷。現在在永樂店農場上空飄揚的以色列國旗，也許是對示範農場倡導者和推動者的最好紀念。

付內 編寫

一帶一路研究叢刊　AA301001

中國和以色列友好故事集

作　　　者	高秋福、何北劍、姚振憲
版權策畫	李煥芹
責任編輯	呂玉姍

發 行 人	陳滿銘
總 經 理	梁錦興
總 編 輯	陳滿銘
副總編輯	張晏瑞
編 輯 所	萬卷樓圖書股份有限公司
排　　版	菩薩蠻數位文化有限公司
印　　刷	維中科技有限公司
封面設計	菩薩蠻數位文化有限公司

出　　版　昌明文化有限公司

桃園市龜山區中原街 32 號

電話　(02)23216565

發　　行　萬卷樓圖書股份有限公司

臺北市羅斯福路二段 41 號 6 樓之 3

電話　(02)23216565

傳真　(02)23218698

電郵　SERVICE@WANJUAN.COM.TW

大陸經銷

廈門外圖臺灣書店有限公司

　　電郵　JKB188@188.COM

ISBN 978-986-496-446-8

2019 年 3 月初版

定價：新臺幣 360 元

如何購買本書：

1. 轉帳購書，請透過以下帳戶

　　合作金庫銀行　古亭分行

　　戶名：萬卷樓圖書股份有限公司

　　帳號：0877717092596

2. 網路購書，請透過萬卷樓網站

　　網址　WWW.WANJUAN.COM.TW

大量購書，請直接聯繫我們，將有專人為您

服務。客服：(02)23216565 分機 610

如有缺頁、破損或裝訂錯誤，請寄回更換

國家圖書館出版品預行編目資料

中國和以色列友好故事集 / 高秋福, 何北劍,

姚振憲著.-- 初版.-- 桃園市：昌明文化出

版；臺北市：萬卷樓發行, 2019.03

　　面；　　公分

ISBN 978-986-496-446-8(平裝)

1.中國外交 2.以色列

574.18353　　　　　　　　　　108003187

本著作由五洲傳播出版社授權大龍樹（廈門）文化傳媒有限公司和萬卷樓圖書股份有

限公司（臺灣）共同出版、發行中文繁體字版版權。